명리의 정석시리즈(2)

命理
<2>

사주학 이론과 분석

김 동 환 지음

역술도서전문
여산서숙

命理: 사주학 이론분석을 내면서

 대형서점 역술서적 코너에는 많은 사주분석이론서들이 진열되어있습니다. 어쩌면 하나같이 대동소이한지 모르겠습니다. 나이 들어 좀 늦게 역술학에 입문해서 그런지 처음 이 공부를 하면서 초보자에게 쉽게 이해할 수 있는 새로운 서적이 없을까 찾아보았지만 그런 책은 없었습니다. 기초공부가 다 그런 것 아닌가요? 라고 반문하실 분들도 있을 것이나 독학으로 공부하려면 누구나 더 자세하게 설명하여 이해 할 수 있는 서적이 꼭 필요하다는 사실을 알았기에 본 입문서 사주학의 분석이론을 새롭게 구성해 보았습니다. 그러나 생소한 학문에 들어서면 누구나 이해가 잘 되지 않는 부분이 많습니다. 그래서 김동환 표 역술도서로 공부하는 분들께는 언제라도 필자가 질의응답을 해 드리고 있습니다. 독학하는 분들은 대체적으로 자기생각만으로 공부하기 때문에 시야가 좁아질 수밖에 별 도리가 없습니다. 많은 선생님들의 의견을 들어야 하는데 역술계가 그리 친절하게 응대하는 선생님들이 많지를 않습니다. 자기가 알고 있는 지식을 후학들에게 아낌없이 나누어주는 배려가 적은 곳이 아닌가 생각됩니다. 본서로 공부하시는 분들에게는 특별히 필자가 지도해드릴 것이니 염려마시고 시작해 보십시오. 시작이 반이라는 말이 있습니다. 이 책을 손에 쥐는 순간 절반은 성공하신 것이라 확신합니다.

　　　　　　　　　　　　　-은산 김동환 배상-

추 천 사

　은산 김동환 선생과의 만남은 오래전 불교대학에서 였습니다. 서로가 상대를 잘 모르던 시절 언제인가 직업이 무엇인지 알고부터 우리는 더욱 친해졌지요, 역술계에 입문은 내가 먼저 했지만 선배이신 은산선생을 형님같이 존경하며 우리는 일주일에 두 세 번씩 서울과 천안을 오르내리면서 머리를 맞대고 사주이야기 하다가 늦었다며 허둥지둥 떠나시곤 하던 때가 벌써 강산도 변한다는 오래 전의 추억으로 남겨놓았습니다.

　이제는 서로가 바쁘다보니 고작 일주일에 한 번 정도 만나는 것으로 만족해야하는 실정이 아쉽다고 했더니 코로나로 인해 오랫동안 상면치 못했는데 명리시리즈 책을 또 내신다니 은산선생은 집념이 매우 강하신 분이십니다. 호랑이를 잡으려면 호랑이 굴에 들어가야 한다며 명리공부를 시작하시더니 30여 년 동안 출판계에서 종사하신 경험을 바탕으로 그동안 많은 명리서적을 출간하셨습니다. 후학들을 위해서는 정통 명리서적을 계속 출판하는 일이 자신의 임무라고 하루도 쉬시지 않고 원고를 쓰신다니 건강이 걱정하시더니 다시 증보판을 내신다고 연락이 왔습니다.

　恩山 大兄 ! 충고한마디 드리려 합니다. 다작을 하시는 것은 좀 무리이니 건강도 생각하시고 쉬어가며 일하십시오. 건강한 모습으로 우리 오래오래 만나고 싶습니다.

壬寅年 立春之節에 천안에서
대지철학관 원장 이상식 배상

추천의 말씀

　은산 김동환 선생은 남다른 천부적인 재주를 가지고 계십니다. 사람을 대하는 대인관계에서도 한두 번만 만나면 십년지기 이상의 정을 쏟으시는 모습을 보면서 탁월한 리더십에 감동 먹었습니다. 투철한 리더십에 달변가로도 소문이 나셨지요. 젊은 사람들과 10년 동안 함께하는 리더십강사로 활동하시면서 틈틈이 명리서적을 여러 권내시고 대한작명가협회 장으로 고운이름 바른 이름 정명운동에 열정을 다하시는 은산 김동환 회장님을 정말로 존경합니다.

　은산 김동환 대한작명가협회회장님을 만나게 된 것은 회원으로 입회하면서였고 강동지회장으로 함께 일하면서 더욱 교분을 쌓아 이제 형제 이상으로 친하게 지내는 사이가 되었답니다. 매주 금요일이면 우리는 정기적으로 만나서 학문도 교류하고 정보도 공유하면서 재미나게 살아갑니다. 만날 때마다 동생같이 대해주셔서 이제는 한주라도 안 만나면 보고 싶어지는 것을 보면 회장님을 짝사랑이라도 하는 가봅니다. 회장님 이번에 출간하시는 명리시리즈가 우리 역술인들에게 많이 알려져서 대박이 났으면 합니다. 늘 건강하시고 변함없이 사랑 많이 해 주십시오.

　　　　　　　　　　　　　　대한작명가협회 강동지회장
　　　　　　　　　　　　태을철학관 원장 장음택 합장

목 차

제1장 육신론(육친을 논하다) / 11

1. 비견(比肩-나와 같은 오행) / 16
   비견에 대한 요점정리 / 21
2. 겁재(劫財-나와 오행은 같으나 음양이 다르다) / 23
   겁재에 대한 요점정리 / 25
3. 식신(食神내가생하는 오행으로 음양이 같다) / 27
   식신에 대한 요점정리 / 30
4. 상관(傷官-내가 생하는 오행으로 음양이 다르다) / 32
   상관에 대한 요점정리 / 38
5. 정재(正財-내가극하는 오행으로 음양이 다르다) / 41
   정재에 대한 요점정리 / 45
6. 편재(偏財-내가극하는 오행으로 음양이 같다) / 46
   편재에 대한 요점정리 / 49
7. 정관(正官-나를 극하는 오행으로 음양이 다르다) / 51
   정관에 대한 요점정리 / 55
8. 편관(偏官-나를 극하는 오행으로 음양이 같다) / 56
   편관에 대한 요점정리 / 58
9. 인수(印綬-나를 생하는 오행으로 음양이 다르다) / 59
   인수에 대한 요점정리 / 61
10. 편인(偏印-나를 생하는 오행으로 음양이 같다) / 63
    편인에 대한 요점정리 / 65

알기 쉬운 육신표출법 / 69
사주팔자 / 71
왕 상 휴 수 사 /72

제2장 제살론(중요한 신살을 논하다) / 74
    <1> 공망(空亡) / 74
    <2> 원진살(怨嗔殺) / 76
    <3> 양인살(羊刃殺) / 76
    <4> 괴강살(魁罡殺) / 77
    <5> 백호살(白虎殺) / 77
    <6> 역마살(驛馬殺) / 78
    <7> 도화살(桃花殺) / 78
    <8> 고신살(孤辰殺) / 79
    <9> 과숙살(寡孰殺) / 80
    <10>삼재팔란(三災八亂) / 80
    <11>화개살(華蓋殺) / 81
    <12> 상문살(喪門殺) / 208
  좋은 살......................... / 83
    <1> 천을귀인(天乙貴人) / 83
    <2> 건록(建祿) / 83
    <3> 암록(暗祿) / 84
    <4> 천덕귀인(天德貴人) / 84
    <5> 금여(金與) / 85
    <6> 문창 학당(文昌 學堂) / 85
제3장 포태법(12운성을 논하다) / 86
제4장 사주 강약론(사주강약구별하기) / 92
  1. 격국과 용신 / 95
    <1> 억부 용신 법 / 96
    <2> 조후 용신 법 / 102
    <3> 통관 용신 법 / 105
    <4> 병약 용신 법 / 106
    <5> 전왕 용신 법 / 108

특별격 : 화기격 / 112
  <1> 갑기합 화토격 / 112
  <2> 을경합 화금격 / 112
  <3> 병신합 화수격 / 113
  <4> 정임합 화목격 / 114
  <5> 무계합 화수격 / 115
  종 격(從 格) / 115
  <1> 종아격(從兒格) / 115
  <2> 종재격(從財格) / 116
  <3> 종살격(從殺格) / 117
  <4> 종강격(從强格) / 117
  <5> 곡직격(曲直格) / 118
  <6> 염상격(炎上格) / 119
  <7> 종혁격(從革格) / 121
  <8> 윤하격(潤下格) / 123
  <9> 가색격(稼穡格) / 125
  <10>기명종격(棄命從格) / 129
  <11>양신성상격(兩神成象格) / 131
  <12>가종격(假從格) / 131
1. 격국이란 무엇인가? / 134
  <1> 정관격(正官格) / 135
  <2> 편관격(偏官格) / 136
  <3> 정재격(正財格) / 139
  <4> 편재격(偏財格) / 141
  <5> 식신격(食神格) / 143
  <6> 상관격(傷官格) / 144
  <7> 인수격(印綬格) / 147
2. 통변에서 알아야 할 것 / 150

제1장
육신론(六神論)
-육신, 육친을 논하다-

　사주는 나라의 구성과 같다.
나라에는 군왕이 있고 신하가 있다. 신하로 구성된 조직체를 정부라고 한다. 군왕은 최고의 힘을 가진 천하장사이다. 사주를 구성하고 있는 음양오행 가운데 가장 왕성한 것은 월지오행(月支五行)이다. 월지를 절기로 나타낸다. 寅卯월은 봄으로서 발생하는 木의 운기가 가상 왕성하다. 십이운성중에서 가장 왕성한 것은 건록과 제왕이다. 甲木은 寅에서 건록이고 卯에서 제왕이며, 乙木은 卯에서 건록이고 寅에서 제왕이다. 巳午월은 여름으로서 성장하는 火의 운기가 가장 왕성하다. 丙火는 巳에서 건록이고 午에서 제왕이며, 丁火는 午에서 건록이고 巳에서 제왕이다. 申酉월은 가을로서 거두는 金의 운기가 가장 왕성하다. 庚金은 申에서 건록이고 酉에서 제왕이며, 辛金은 酉에서 건록이고 申에서 제왕이다. 亥子월 겨울로서 갈무리하는 水의 운기가 가장 왕성하다. 壬水는 亥에서 건록이고 子에서 제왕이며, 癸水는 子에서 건록이고亥에서 제왕이다 사주는 사간(四干) 사지(四支)로 구성됨으로써 사주팔자(四柱八字)라고 한다.
사주를 구성하는 음양오행의 역량은 월지오행이 70%를 차지한다. 나머지 연주와 일주와 시주는 30%에 지나지 않는다.

가령 丙子년 庚寅월 壬午일 庚子시에 태어난 사주의 음양오행의 비중은 월지인 木의 운기가 70%이고 연주인 丙子를 비롯한 일주인 壬午와 시주인 庚子의 운기는 합쳐서 30%에 불과하다.

왕성한 木의 운기는 사주의 주기(主氣)로서 주체가 된다. 주체는 나라의 주인으로서 군왕이다 木이 왕 하면 木의 나라가 세워지듯이 火가 왕 하면 火의 나라가 세워지고, 金이 왕 하면 金의 나라가 세워지고, 水가 왕 하면 水의 나라가 세워진다. 왕은 곧 주체로서 봄 태생인 木의 나라에서는 木의 오행이 주체가 되고, 여름태생인 火의 나라에서는 火의 오행이 주체가 된다.

주체의 오행을 체(體)라고 한다. 봄 태생은 木체이듯이 여름 태생은 火체이고 가을 태생은 金체태생이며 겨울태생은 水체라고 한다. 군왕은 신하가 있다. 신하 중에는 충신이 있고 역신이 있다. 군왕과 상생하는 오행은 한 쌍의 부부이니 충신이요 군왕과 상극하고 대립하는 오행은 적대관계이니 역신이다. 木은 金과 상생이고 水는 火와 상생이니 木체의 사주에서는 金이 충신이고 같은 군왕인 木은 역신이 되듯이 金체의 사주에서는 木이 충신이고 金이 역신이며, 水체의 사주에서는 火가 충신이고 水가 역신이다. 火체의 사주에서는 배우자인 水가 충신이고 같은 오행으로서 왕권을 다투는 水가 역신이다. 충신의 오행은 쓸모 있는 오행으로서 용(用)이라고 하고 역신의 오행은 같은 주체로 체(體)라고 한다.

충신이 많은 나라는 부하고 흥하며, 역신이 많은 나라는 가난하고 망하듯이 용이 많은 사주는 부귀영화를 누리는데 반해서 체가 많은 사주는 눈만 뜨면 서로 나라와 왕권을 빼앗기 위해서 대립하고 반목하며 싸움으로써 만신창이가 되고 빈천하며 불행하다.

봄 태생인 木체의 사주에 용인 金오행이 많으면 부귀하고 체인 木이 많으면 빈천하듯이, 가을 태생인 金체에 사주에 용인 木이 많으면 잘 살고 체인 金이 많으면 못 산다. 나라의 살림은 정부가 도맡아 한다. 나라의 부를 생산하는 꿀벌은 백성이다. 정부가 백성을 다스리는 것은 정치라고 한다. 나라가 흥하고 망하는 것은 정치에 달려있다. 정치를 잘하면 부하고 흥하나 정치를 잘 못하면 가난하고 망한다. 정치를 잘하고 못하는 것은 정부의 역량에 달려있다. 정부는 최고 책임자인 재상(宰相)을 중심으로 육조판서(六曹判書)로 구성된다. 재상과 육조판서가 상생관계로 하나가 되어서 바르고 어진 정치를 하면 백성이 따르고 충성을 다함으로써 부하고 흥하는데 반해서 재상과 육조판서가 상극관계로서 서로 대립하고 반목하며 부정과 부패가 판을 치면 백성이 반항하고 난리를 일삼음으로써 나라는 패하고 망한다.
나라가 흥하고 망하는 것은 정부의 상생과 상극에서 결정된다. 군왕이 아무리 현명하고 충신이 많아도 정부가 무능하고 정치를 잘못하면 망한다.

그렇지만 군왕이 무능하고 역신이 많아도 정부가 유능하고 충성해서 정치를 잘하면 부하고 흥할 수 있다.

사주상의 일간(日干)은 정부의 최고 책임자인 재상이다. 재상을 중심으로 구성되는 육조는 정치를 도맡아 하는 신하로서 육신(六神)이라고 한다. 육신은 육조판서인 여섯 신하를 의미한다. 나라의 흥망과 정치의 성패는 육신의 구성에 달려있다. 육신의 구성이 상생관계로서 상부상조하면 정치는 성공하고 나라가 흥하지만 정부의 구성이 상극관계로서 당쟁과 대리반목을 일삼으면 정치는 실패하고 나라는 망한다. 정부의 구성이 상생이냐 상극이냐를 알려면 육신이 무엇인지 부터 알아야 한다. 육신이 무엇인지를 분석하고 판단하는 원리를 육신 론이라고 한다. 육신은 일간 오행을 위주로 해서 상하좌우관계를 나타낸다. 부모형제, 처부자(妻夫子)의 육친관계와 흡사하다. 가령 일간이 甲乙木이면 그를 위주로 해서 상하좌우와 육친관계를 나눈다. 같은 木오행이면 비견 겁재(比肩 劫財)라 하고 木을 생하여 주는 水오행은 인수(印綬)라 하며, 水를 생하는 金오행은 관살(官殺)이라 하고, 木에서 생하는 火오행은 식신 상관(食神 傷官)이라 하며, 火에서 생하는 土오행은 재성(財星)이라고 한다.

오행은 다섯 가지로 나누어진다. 육신이 아니고 오신(五臣)이다. 오신을 육신이라고 하는 까닭은 무엇인가? 재상도 신하이다. 다섯 신하와 재상을 합치면 여섯의 신하가 되기 때문이다.

오행은 음양으로 나누어지듯이 육신도 음양으로 나누어진다. 음과 양이 만나면 바르고 정상적인 화합으로서 정(正)이라 하고, 음과 음, 양과 양이 만나면 한쪽으로 편중(偏重) 또는 편고(偏枯)하다고 해서 편(偏)이라고 한다. 일간이 양이고 관성(官星)이 음이면 정관(正官)이 되듯이 일간이 음이고 관성이 음이면 편관(偏官)이라고 한다. 일간이 양이고 재성(財星)이 음이면 정재(正財)가 되고 일간이 음이고 재성이 음이면 편재(偏財)라고 한다. 과연 육신은 어떻게 나누어지는가? 우선 육신의 분석 일람표부터 살펴보기로 하자?

日干	正官	偏官	印綬	偏印	比肩	劫財	食神	傷官	正財	偏財
甲	辛	庚	癸	壬	甲	乙	丙	丁	己	戊
乙	庚	辛	壬	癸	乙	甲	丁	丙	戊	己
丙	癸	壬	乙	甲	丙	丁	戊	己	辛	庚
丁	壬	癸	甲	乙	丁	丙	己	戊	庚	辛
戊	乙	甲	丁	丙	戊	己	庚	辛	癸	壬
己	甲	乙	丙	丁	己	戊	辛	庚	壬	癸
庚	丁	丙	己	戊	庚	辛	癸	壬	乙	甲
辛	丙	丁	戊	己	辛	庚	壬	癸	甲	乙
壬	己	戊	辛	庚	壬	癸	甲	乙	丁	丙
癸	戊	己	庚	辛	癸	壬	乙	甲	丙	丁

1. 비견(比肩)

　비견은 일간과 음양오행이 같은 십간이다. 甲일생이 甲을 보면 비견이듯이, 乙일생은 乙이, 丙일생은 丙이, 丁일생은 丁이, 戊일생은 戊가, 己일생은 己가, 庚일생은 庚이, 辛일생은 辛이, 壬일생은 壬이, 癸일생은 癸가 비견이다. 일간은 재상이다. 비견은 재상이 나란히 있는 형국이다. 재상이 둘이거나 여럿이면 어찌 되겠는가 저마다 재상노릇하기 마련이다. 진짜 재상은 일간이고 비견은 사이비 재상이다. 그렇지만 비견은 저마다 재상의 행세를 함으로써 일간은 신경을 곤두세우고 경계하지 않을 수 없다. 사사건건 비견이 참견하고 등등한 권리를 주장함과 동시에 대립과 반목을 일삼는다. 일간은 비견만 보면 골치가 아프고 멀리하려 한다. 재상으로서 독립하고 비견의 개입을 차단하는 것이 급선무이다. 만사를 독단적이고 독선적으로 행사하면 비견이 사사건건 시비를 걸고 물고 늘어진다. 비견은 얼굴이 같고 이름이 같은 쌍둥이와 같다. 누가 진짜이고 가짜인지를 전혀 분간할 수 없다. 일간이 아무리 내가 진짜이고 비견은 가짜라고 말해도 소용이 없다. 모든 것이 똑 같으니 어떻게 분간할 수 있겠는가? 나와 똑같다는 것은 무엇을 의미하는가? 내가 남성이면 비견도 남성이고 내가 여성이면 비견도 여성이듯이, 내가 장사꾼이면 비견도 장사꾼이고, 내가 한국 사람이면 비견도 한국 사람이다. 나와 같다는 것은 같은 사람이라는 것이다. 중국 사주에서는 비견을 형제와 동기간으로 풀이하지만 사실은 같은 것의 모든 것을 의미한다.

동향인, 동창생, 동업인, 동성(同性), 동족을 비롯해서 같은 사람이면 누구나 비견이 된다.

　사주에 비견이 있으면 이 세상 만인이 같은 쌍둥이와 같다. 어디로 가나 자신도 똑같은 재상이라고 하면서 대립과 경쟁을 서슴지 않는다. 이에 사주에 주인공은 독립적이고 독선적이며 독단적인 행동을 할 수밖에 없다.
인간관계가 대립적이고 무정하며 껄끄럽다. 여성이 비견이 있으면 한집에 같은 주부가 여럿이 있는 형국이다. 한 남성을, 둘 내지 여러 여성이 상대하고 있는 것이다. 얼굴이 같고 이름이 같으니 누가 진짜이고 가짜인지를 가릴 수가 없다. 진짜주부가 남편을 독차지하려 할 것은 너무도 당연하다. 진짜는 가짜를 몰아내려고 수단과 방법을 가리지 않는다. 독선적이고 독단적이며 독립적이다. 남편을 독점해서 독립하는 것이 소원이지만 같은 여성이 따라붙고 저마다 독점하려 하니 어찌 하겠는가? 사주는 선천적이고 타고난 숙명이다. 남편을 독점할 수 없이 같은 여성끼리 공유하는 것이 숙명이라면 어쩔 도리가 없지 않겠는가? 비견이 하나이면 둘이서 나누어야하고 비견이 둘이나 셋이면 셋 내지 넷이서 한 남성을 공유해야 한다. 자고로 남성이 첩을 보면 돌부처도 돌아 선다고 한다. 하물며 인간의 감정이야 어떻겠는가? 시기 질투가 생기고 울화가 치밀 것은 당연하다. 주부는 첩을 내쫓기에 수단 방법을 가리지 않는다. 그렇지만 첩을 내보내면 바로 새로운 첩이 들어선다.

사주에 비견이 있는 한 독점은 불가능한 것이다. 만인이 첩이고 적인데 어찌 하겠는가? 점술가들은 부적을 하거나 살풀이를 하면 첩을 감쪽같이 뗄 수 있다고 말한다. 그것은 사주가 무엇이고 비견이 무엇이며 숙명이 무엇인지를 모르고 하는 수작에 지나지 않는다. 사주에 비견이 있는 한 독점은 불가능한 것이다. 만일 주인공이 사주와 비견의 진리를 안다면 그러한 시기 질투나 무모한 장난을 하지 않을 것이다. 그것은 타고난 숙명이다. 남성이 바람을 피우는 것이 아니고 여성이 혼자서 독점할 수 없기 때문이다. 어차피 독점할 수 없는 운명이라면 차라리 화합을 하는 것이 순천이고 현명한 처신이 아니겠는가? 남성이 비견이 있으면 상속을 독점할 수 없다. 비견은 나와 같은 상속자로서 합법적으로 동등한 권리를 가지고 있다. 그것은 상속만이 아니다. 모든 것을 나누어 가져야 함으로써 어느 것이든 혼자서 독점할 수 없다. 그것은 임자가 둘 내지 여럿이라는 것이다. 고기를 잡아도 나누어 가져야 하듯이 돈을 벌어도 나누어 쓸 일이 생긴다. 사주상 비견은 글자가 아니고 살아있는 인간이다. 나의 모든 것을 감시하고 지켜보면 참견한다. 아무리 속이고 독차지하려 해도 비견을 속일 수는 없다. 무엇이 생겼다 하면 비견이 번개처럼 덤비고 뛰어든다. 같이 나누자는 것이다. 비견이 얄밉고 야속할 것은 당연하다. 그렇지만 그것이 타고난 운명인데 어찌 하겠는가? 과연 비견은 절대적으로 나쁘고 해로운 눈의 가시인가? 이 세상에 절대라는 것은 없다 모든 것은 상대적이다.

조물주인 음과 양 자체가 상대적이다. 비견은 같은 인간이다. 인간은 절대적인 경쟁자나 대립자가 아니다. 경우에 따라서는 인간이 나를 도와주고 살리는 후원자요 구세주이다. 나를 도와주는 이로운 육신은 기쁘고 반가운 육신으로서 희신(喜神)이라고 하는데 반해서 나를 해치는 적대관계의 육신은 두렵고 기피하는 육신이라 해서 기신(忌神)이라고 한다. 비견이 희신이냐 기신이냐 하는 것은 사주를 분석하고 인간 만사를 판단하는 통변(通變)을 공부하고 연구하는 전문반과정에 가야 구체적으로 알 수 있다. 여기서는 단지 희신과 기신의 두 가지가 있다는 사실만이 미리 밝혀 둔다. 비견이 희신이면 만인이 유정하고 도와줌으로써 인인성사 하는데 반해서 비견이 기신이면 만인이 무정하고 해로움으로써 인인패사(因人敗事)한다. 이웃나라의 천황비(皇妃)는 비견이 둘이지만 희신이기 때문에 만인이 사랑하고 도와주는 귀한 몸이 되었고 우리나라 어느 재벌은 비견이 둘이지만 희신이기 때문에 만인의 사랑과 지원을 받아서 거부가 되었다. 비견이 희신인 사주는 착하고 인정이 많으며 무엇이든지 나누고 베풀기를 즐기는 동시에 원만하고 협동적이며, 만인에게 헌신적이고 희생적이다. 신망과 덕망이 대단해서 만인이 따르고 존경하며 도와주고 보살펴 준다. 가는 정이 있어야 오는 정이 있다고 내가 잘함으로써 남도 잘해주는 것이다. 비견이 기신인 사주는 성격이 유아독존이고 독선적이며 독단적이다. 인정이 없고 타산적이며 대립과 반목을 능사로 한다.

달면 삼키고 쓰면 뱉으며 의리가 없고 배신을 서슴지 않는다. 무엇이든지 혼자서 챙기고 독점하려고 하며 같이 나누고 더불어 사는 인심과 협동심이 전혀 다. 인간성이 뱀처럼 냉혹하며 무자비하다. 누구든지 걸렸다 하면 해를 끼치고 적대관계를 맺는다. 가는 정이 없으니 오는 정이 있을 수 없다. 내가 만인을 냉대하고 사갈시를 하며 해를 끼치듯이 만인 또한 나를 냉대하고 괄시하며 못살게 괴롭히고 망치려 한다. 비견이 희신인 사주는 만인이 부처님이요, 구세주로서 지극히 행복한 행운아인데 반해서 비견이 기신인 사주는 만인이 미워하고 싸우는 적으로서 평생 파란만장한 기구하고 불행한 인생이다. 같은 비견이면서 희신인 경우에는 인덕이 태산과 같고 만사형통하며 부귀영화를 누리는데 반해서 기신인 경우에는 적이 태산 같고 만사불성이며 가난하고 천하다. 비견이라고 해서 덮어놓고 흉하다고 미워할 수 없듯이 덮어놓고 길하다고 좋아할 수도 없다. 여기에 육신의 상대성과 무궁무진한 묘리가 있다.

<1>비견에 대한 요점정리

　일간과 오행이 같고 음양도 같은 것을 말한다. 나와 어깨를 나란히 한다하여 비견이라고 하는데 가정적으로는 형제가 되고 사회적으로는 친구나 동업자가 된다.

<1> 비견이 많을 때의 현상은?
　내 동조자를 믿고 아만성이 있어 다른 사람들의 말은 듣지 않고 독자적으로 매사를 처리하려는 기질이 있어 사고에 능하지 못하다.
<2> 경제적인 면은 어떨까?
　군겁쟁재(群劫爭財)라 하여 나와 형제들이 재물 다툼을 하게 되는 격이 되어 사주에 비견 겁재가 많으면 가난하게 살게 된다.
<3> 육신적면 으로는 ?
　남녀 모두 편재가 아버지가 되는데 비견이 강하면 편재를 극하게 되니 부친과 인연이 박하다.
<4> 남자사주 에서는 ?
　배우자 궁인 일지에 비견이 있으면 나와 처가 동등하다 하여 여필종부의 마음이 없어 서로 충돌하고 화목치 못하다 하는데 역학용어 간여지동(干如之同)이라고 한다.
<5> 여자사주 에서는 ?
　배우자 궁인 일지에 비견이 있으면 남편과 다툼이 발생 부부가 화목치 못하다. 여자사주에 비견은 남편의 첩도 되기 때문에 첩이 나와 동등하려고 하니 말썽이 생겨 부부 불목하다.
<6> 통변할 때에는 ?

비견은 편재(父星)을 극하고 정인(印星)을 설기 시키게 되니 부모와 인연이 박하다고 한다.

남자 사주에서는 편재가 애인이 되는데 애인과의 인연도 없다. 사주에서 편재는 남녀 공히 큰돈 횡재하는 돈이 되는데 강한 극을 하게 되면 돈이 모아지지 않으니 돈이 새어나간다고 한다. 비견이 형 충을 하거나 월지 공망 이면 형제의 도움이 없고 인연이 박하다고 한다. 비견이 좋은 점은 관살이 강할 때 자신을 방어할 동조가 비견이 강하고 식신 상관이 있으면 식신 생재 라 하여 형제(비견)의 기를 빼앗아 재물을 실어 나르는 격이 됨으로 재성이 힘을 받아 길하다.

2. 겁재.(劫財)

　겁재는 일간과 오행은 같으나 음양이 다르다. 같은 木오행이면서 甲은 양이고 乙은 음이다. 일간의 甲이 乙을 보면 오행은 같은 木이지만 음과 양이 다름으로써 겁재가 되듯이, 乙이 甲을보고, 丙이 丁을보며, 丁이 丙을보고 戊가 己를 보며, 己가 戊를 보고, 庚이 辛을보며, 辛이 庚을보고, 壬이 癸를보며, 癸가 壬을보면 겁재가 된다. 비견은 같은 적자(嫡子)로서 동등한 권리가 있으므로 해서 합법적으로 상속의 분배를 요구할 수 있는데 반해서 겁재는 서자(庶子)로서 상속권이 없다. 합법적으로는 불가능하기 때문에 불법적으로는 상속을 받을 수밖에 없다. 재산을 강제로 겁탈하는 것이다. 폭력이나 불법으로 재산을 겁탈하는 것은 곧 탈재(奪財)요 겁재(劫財)이다. 겁탈자는 무법자다. 무법자는 겁이 없고 대담하며 아끼고 모으는 것이 없다. 한탕하면 돈이 생기기 때문에 닥치는 대로 겁탈하고 닥치는 대로 써버린다. 사치하고 낭비하는 것을 서슴지 않는다. 저축이나 절약이란 없다. 겁재는 공짜로 얻은 불록소득이기 때문이다. 사주에 겁재가 있으면 성격이 거칠고 대담하며 두려움을 모른다. 돈을 벌기 위ㅣ해서라면 수단과 방법을 가리지 않으며 죽음도 겁내지 않는다. 근로소득을 싫어하고 불로소득을 즐긴다. 일확천금하는 노름과 투기를 비롯하여 밀수나 마약거래 등을 서슴지 않는다. 돈이 생기면 물 쓰듯 쓴다. 아내에게 값진 선물을 하는가 하면 친구에게 푸짐한 선심을 아끼지 않는다.

돈이 떨어지면 아내에게 돈을 강요하고 친구에게도 돈을 있는 대로 내어 놓으라고 강요한다. 겁재가 선천적이고 능소능대하다. 형제나 동기간에 겁재 하는 것도 능사다. 있으면 쓰고 없으면 겁재 하는 것이다. 돈이 생기는 일이면 무엇이든지 수단 방법 가리지 않고 뛰어들고 청부범죄도 서슴지 않는다. 돈은 아무리 벌고 생겨도 모으는 것이 없다. 노름과 투기와 사치와 낭비로 탕진하기 때문이다. 겁재가 있는 아들에게 상속을 하면 어찌 될까? 한강투석이요, 깨진 솥에 물붓기와 다를 바 없을 것이다.

만일 임의로 쓸 수없는 법인을 상속한다면 오래 지탱할 수 있을 것이다. 아무리 쓰고 싶어도 쓸 수가 없기 때문이다. 비견은 희신과 기신으로 나누어지듯이 겁재도 희신이 있고 기신이 있다. 비견이 희신 이면 비견의 본성과 단점이 그대로 나타나 나타나는데 반해서 겁재가 희신 이면 정반대다. 인정이 많고 인심이 후하며 남을 위해서 헌신하고 희생하는데 대담하고 적극적이며 만인이 유정하고 상부상조해서 인인성재(因人成財)한다. 노름과 투기를 멀리하고 사치와 낭비를 싫어하며 절약하고 저축하기를 즐긴다. 불법적인 겁재나 불로소득을 하지 않고 합법적인 근로소득으로 검소하고 알뜰히 살아간다. 겁재에 대한 선입감과 속단은 금물이다. 문제는 희신과 기신을 빨리 가리는 것이다. 그것은 집을 세우는 과정이다. 집은 기초가 단단해야 한다. 지금 공부하는 것은 사주의 입문과 기초과정이다. 기초가 부실하면 집을 세울 수가 없고 무너진다.

<2>겁재에 대한 요점정리

일간과 오행은 같고 음양이 다른 것을 말한다.
양일간이 같은 오행인 음을 만났을 때 겁재라고 하며
음일간이 같은 오행인 양을 만났을 때 겁재라고 한다.
겁재는 재물을 겁탈한다 하여 피탈패재(彼奪敗財) 되므로 사기 등 손재수로 본다.

<1> 경제적인 면으로는?
　형제들의 재물다툼이 있게 되니 흉하다.
겁재가 강하면 군겁쟁재(郡劫爭財)하여 가난하다.

<2> 육신면 으로는?
　남자사주에 겁재가 강한사람은 정재를 극하니 부인이 견딜 수 없어 결혼이 잘 안되며 결혼을 여러 번 할 수도 있으며 배다른 자식도 있게 된다.

<3> 통변 할 때 요령은?
　겁재는 재물인 정재를 극하니 돈이 새어나가는 형상이고 남명에서 겁재가 강하면 이혼하게 되니 부부인연 박하다.
여명에 겁재가 강하면 남편과 불화 구설이 많다.
남명(男命)에 대운에 겁재이고 세운에서 정재 운이 오면 결혼에 구설수와 잘 이루어 지지 않으니 시기를 늦추든지 피해야 좋다.
월지에 비견 겁재 편관 상관이면 대체적으로 성격이 괴팍하여 신용이 상실되지만 관성이 강하면 정직하게 된다.

<4> 가정적으로는?

　남명에는 누님이나 여동생이 되고 여명에는 오빠나 남동생이 된다. 또한 이복형제로도 본다. 사회적으로는 의형제 친구 동창생이 된다.

<5> 세운에서 비겁이 용신으로 들어올 때는?

　사업적 야심이 강하다. 적극적이고 활동적이다. 정복 심과 점유 욕이 강하다. 형제간 재산 분리 분산 분가 등이 발생한다. 친구 동료 형제의 도움을 받는다. 사업 확장 사세가 신장된다. 특히 재다 신약 사주에서는 용이 물을 만난 격 이니 크게 발전한다.

<6> 세운에서 비겁이 기신으로 들어올 때는?

　친구 동료로 인한 피해 또는 파재를 당한다. 부부사이에 충돌로 불화가 발생한다. 독선적인 성격으로 변해 일을 그르쳐 낭패 당한다. 재물을 도적맞거나 약탈당한다. 친구 형제 동료로부터 배신당한다. 수입보다 지출이 많다.
특히 남명에 정재가 약하면 겁재 세운 대운에 이별수가 있게 되니 조심해야 한다.

3. 식신 (食神)

　일간이 생해주는 오행으로서 일간과 음양이 같은 육신을 식신이라고 한다. 木은 火를 생하고, 火는 土를 생하고, 土는 金을 생하고, 金은 水를 생하며 水는 木을 생한다. 이는 상생이 아니고 오행의 진행과 변화의 서열이다. 봄은 가고 여름이 오는 것을 木생火라고 한다. 이는 木이 변해서 火가 되는 것이니 木변火 내지 木化火가 옳다. 여기에서는 알기 쉽게 木생火라고 하겠다. 火는 木에서 태어난 자식으로서 아생자(我生者)라고 한다. 甲이 丙을 보면 木이 생하는 오행인 동시에 음양이 같다. 甲은 양간이듯이 丙도 양간이기 때문이다. 여기에서 이야기하는 음양은 음과 양이 아니고 천간의 양간과 음간을 의미한다. 甲은 아버지의 항렬(行列)이고 丙은 아들의 항렬이듯이 乙은 아버지의 항렬이고 丁은 아들의 항렬이다. 아버지와 똑같은 아들이 식신이다.
아들을 얻으면 소원성취 한 것처럼 기뻐하듯이 식신은 소원성취의 육신이다.
　木이 나무라면 火는 꽃이다. 꽃은 나무의 재능을 나타내는 것이다. 식신은 자기의 재능을 나타내는 기회와 무대를 얻는 것이다. 자동차는 달리는 도로가 재능을 발휘하는 기회이며 무대이다. 도로가 있으면 차는 마음껏 달릴 수가 있고 소원을 성취할 수가 있다. 가수는 노래하는 무대가 식신이요, 배우는 연기하는 무대가 식신이다. 식신은 소원을 성취하는 수단과 방법이기도 하다.

어부는 배가 있고 그물이 있어야 고기를 쉽게 잡을 수 있고 사냥꾼은 총이 있어야만 짐승을 마음대로 잡을 수 있다. 사주에 식신이 있으면 재능을 마음껏 발휘할 수 있는 기회와 무대가 저절로 나타남으로써 능력만 있으면 무엇이든지 소원대로 성취할 수 있다. 수단과 방법도 저절로 마련됨으로써 순리적으로 원하는 것을 얻고 이룩할 수 있다. 의식주가 부유함으로써 고생을 모르며 인심이 후하다. 인색하거나 이해타산을 하지 않는다. 누구에게나 다정하고 베풀기를 좋아하며 사람을 가리지 않는 팔방미인이다. 있으면 나누고 쓰면 생긴다. 개성이 있는지 없는지 모를 만큼 둥글둥글하다. 그래서 친구가 많고 만인과 더불어 산다. 따지고 비판하지 않으며 근심과 걱정을 하지 않는다. 그래서 몸이 살찌고 건강하며 식성이 대단하다. 무엇이든지 가리지 않고 주는 대로 즐겨 먹는다. 신경질이나 신경질환이 없으며 항상 태연하고 태평하며 낙천적이다. 인간만사가 소원대로 이루어지고 만사형통하기 때문이다. 평소 인심이 후하기 때문에 어떠한 역경이나 어려움이 생기면 만인이 앞을 다투어 도와주고 구제해 줌으로써 결정적이고 치명적인 수난이나 불행은 없다. 자동차로 비유하면 동서남북에 고속도로가 마련되고 사방에 짐과 손님이 기다리고 있기 때문에 사통팔달이고 공치는 일이 없다. 무리를 하거나 욕심을 부리지 않으며 담백하고 순리적이다. 움직였다 하면 여기저기서 일거리가 생기고 돈이 생기며 인심이 쏟아진다.

여성은 자식을 잉태하고 출산하는 것이 천부적 재능이고 소망이다. 여성에게 식신은 자식의 별이다. 식신이 있으면 임신이 소원대로 이루어진다. 임신도 잘되고 낳기도 잘하며 기르기도 잘 한다. 그 이유는 잘 먹고 근심걱정이 없으며 잔병이 없고 건강하기 때문이다. 남편을 아끼고 사랑하며 정성껏 섬기고 공경하며 따지고 비판하지 않으며 다정하고 원만함으로써 부부간의 우애가 깊고 순탄하게 해로할 수 있다. 시기질투가 없고 남편을 감시하는 의부증이 없으며 남편의 모든 것을 이해하고 관용함으로써 가정이 평화롭고 대립과 반목이 없다. 오는 정이 있으면 가는 정이 있다고, 착하고 어질며 너그럽고 성실하며 다정한 아내의 내조가 지극하면 아무리 성급하고 거칠며 유아독존이고 냉정한 남편이라고 해도 감복하지 않을 수 없다. 양심상 가책을 받는 일은 차마 할 수가 없고 내조 못지않게 외조를 한다.

마음이 태평하고 근심걱정이 없으면 질병이 없고 건강하게 장수할 수 있다. 식신은 질병을 물리치고 천수를 다하는 장수의 별로서 단명하거나 요절하지 않으며 병이 생기면 병을 다스리는 의사와 양약이 나타남으로써 쉽고 고칠 수 있다. 무엇이든 소원대로 이뤄지니 마음이 편하고 몸이 편하며 비극과 불행을 모르고 오래오래 잘사는 것이다. 하지만 식신은 절대적으로 행복한 별이 아니다. 비견, 겁재가 희신(喜神)이면 소원성취하고 만사형통하는 행운의 기회가 될 수 있다.

그런가하면 식신은 활동무대로서 의식주가 풍요하고 무병장수하는데 반해서 기신(忌身)이면 기회가 아닌 유혹이요, 무대가 아닌 함정으로서 평생 유혹이 많고 함정이 많으며 파란만장하다. 성급하고 허욕이 많으며 오판이 많고 실수가 많다. 사치와 낭비와 허영심이 많으면서 인정과 인심이 박하고 인색하다. 과연 어느 것이 희신 이고 기신이겠는가?

<3>식신에 대한 요점정리

식신(食神)란?

밥과 옷 이다. 그러하므로 식복이라고 한다.
내가 생하는 자를 말하는데 오행은 다르고 음양은 같은 것이다. 식신은 財(재물)를 생하니 양명하여 양명지본(養命之本)이 되는 원천이다. 그러하므로 수성(壽星)이라고 하는데 그 이유는 칠살이 나를 극하는 것을 식신이 제어하고 나를 보호하므로 수명이 길어진다.
남명(男命)에서는 재성을 여자로도 보기 때문에 생재하여 여색 난을 당하기도 한다.
여명(女命)에서는 모쇠자왕(母衰子旺)이라 하여 식상이 강하면 유산을 하게 되기도 하고 때로는 자식을 많이 낳기도 한다.
특히 식신상관이 형(刑)살을 만나면 유산 할 수가 있다.

통변할 때 요령은 ?

　식신이 많거나 강하면 설기가 심해 신약해져 자신이 무력해 진다. 남명(男命)에 식신이 강하면 자식인 관성(官星)을 극하게 되고 관은 직업(직장)이 되니 자식과 직업이 극을 받게 되면 자식과 인연이 없고 직장 또한 극을 받아 무기력한 사람이 된다. 그러므로 자손과 별거하든지 무자식이 될 경우도 있어 말년이 고독해지기도 한다.

여명(女命)에 식상이 강하고 많으면 특히 상관이 강하다면 남편 성을 극하게 되어 남편 덕이 없다.

자식은 많고 남편 덕이 없다면 여자는 무엇이든 닥치는 대로 할 수밖에 없어 천하게 살거나 물장사 등을 하기도 한다. 특히 신약한 사주에 식상이 많으면 단명할 수도 있고 형 충을 당하지 않고 강한자리에 있으면 오히려 식복이 있다.

식신이 강한사람은 편협 되고 편굴하여 이기적인 면도 있지만 경솔한 행동을 많이 하고 숨김없이 솔직히 털어놓는 성격이라 비밀이 없다. 머리회전이 빠르고 말을 함부로 하기도 한다. 사업가 제조업자 연구 발명가 요식업자 교육자 예체능계 등 무엇이든 생각하고 만들어내는 재능이 있기 때문에 활동성 있는 직업이 좋다.

4. 상관(傷官)

일간이 생해주는 오행으로서 일간과 음양을 달리하는 육신을 상관(傷官)이라고 한다. 木에서 생하는 오행은 火이다. 甲일생은 丙火를 보면 음과 양이 같은 육신으로서 식신이 되는데 반해서 丁火를 보면 음과 양이 다름으로써 상관이라고 한다. 乙이 丙을보고, 丙이 己를보며, 丁이 戊를보고, 戊가 辛을보며, 己가 庚을보고, 庚이 癸를보며, 辛이 壬을보고, 壬이 乙을보며, 癸가 甲을 보면 상관이 된다. 식신은 소원대로 이루어지는데 반해서 상관은 소원대로 이루어지지 않는 육신이다.

식신은 아들을 원하면 아들을 낳고 딸을 원하면 딸을 낳는데 반해서 상관은 아들을 원하면 딸을 낳고 딸을 원하면 아들을 낳는다. 무엇 하나 되는 것이 없다.

식신은 재능을 발휘하는 기회와 무대가 저절로 마련됨으로써 재능만 있으면 마음껏 발휘할 수 있는데 반해서 상관은 재능을 발휘할 수 있는 기회와 무대를 얻을 수가 없다. 재능은 뛰어나지만 기회와 무대가 없으니 무용지물이 된다. 식신은 재능을 발휘하면 후한 대가가 있듯이 꽃이 피면 열매가 반드시 열리는 유실수(有實樹)인데 반해서 상관은 재능을 발휘해도 아무런 대가가 없듯이 꽃은 화려하고 무성하게 피지만 열매는 열리지 않는 무실수(無實樹)이다. 아들을 원하면 딸을 낳고 재능은 탁월 하나 기회와 무대가 없으며 꽃은 화려하고 만발하지만 열매는 구경조차 할 수 없다면 얼마나 답답하고 억울하며 화가 나고 분하겠는가?

조물주를 비롯한 하느님과 신에 대한 불평불만이 폭발할 것만 같다. 그렇다고 단념하거나 포기할 수 없다. 어떻게든지 소원을 성취하고 응분의 대가를 받아야 하며 기회와 무대를 개척해야 한다. 그러기 위해서는 머리를 짜내고 또 짜내야 한다. 면도날처럼 날카롭고 총명하고 사리가 밝고 경오가 분명하며 시시비비를 따지기를 서슴지 않는다. 부당하고 불공평하며 불의하고 부정한 것을 보면 가만히 있지를 못한다. 그것은 남의 일이 아니고 바로 내가 겪고 있는 현실이기 때문이다. 그래서 남의 일이지만 옳지 못한 것을 보면 당장 뛰어들고 참견하며 사리와 시비를 가린다. 어느 것 하나 그냥 보고 넘기는 것이 없다. 남의 일에 참견하고 시비를 따지는데 좋아할 사람은 없다. 만인을 적대시하듯이 만인 또한 나를 적대시 한다. 정의 앞에는 상하가 없다. 옳지 않다고 생각하면 윗사람이든 강자이든 정면으로 비판하고 공격하며 반항한다. 나쁜 것은 나쁘다고 해야만 직성이 풀린다. 아니꼽고 더러운 것은 절대로 용납할 수가 없다. 성격이 대나무처럼 곧고 직선적이며 불같이 급하고 폭발적이다. 자존심이 대단해서 비위에 거슬리면 가만히 참지를 못한다. 남의 잘못은 가차 없이 파헤치고 철저히 비판하면서 내 잘못을 지적받거나 비판받는 것은 용납하지 않는다. 유아독존이고 안하무인이다. 그러니 적이 많고 대립과 반목과 갈등이 심할 수밖에 없다. 입이 험하고 버릇이 없으며 닥치는 대로 쏘아대고 난도질을 하며 깔아뭉갠다.

아량과 관용과 타협을 모른다. 흑백을 분명히 가리고 시시비비를 끝까지 따진다. 동네일을 도맡아 개입하고 참견하며 파헤친다. 말이 많고 가시가 많으며 독설을 서슴지 않는다. 한번 겪은 사람은 고개를 내젓고 사갈시한다. 상관은 관(官)을 내리치는 것이다. 관은 나를 보호하고 부양하는 양아자(養我者)이다. 어려서 나를 부양하는 것은 아버지이고 늙어서 나를 부양 것은 자식이다. 여자는 출가해서 남편의 부양을 받는다. 아버지와 자식과 남편을 官이라고 한다. 상관은 나를 부양하는 양아 자를 거침없이 비판하고 공격하며 내리치는 것이다. 아버지를 비롯하여 자식과 남편이 만신창이가 된다. 아버지와 사이가 나쁘듯이 자식과 남편의 사이가 나쁘다. 천륜을 모르는 패륜아다. 아버지가 온전할 수 없듯이 자식과 남편이 온전할 수가 없다. 극부(剋父)하고 극자(剋子)하며 극부(剋夫)하는 상관이고 사고무친이고 고독할 것은 당연하다. 官은 생명과 재산을 보호하는 법이요 규칙이면 질서다. 상관은 절대 자유를 요구한다. 자유를 규제하고 구속하는 것은 용납하지 않는다. 법이든 규칙이든 질서든 자유를 제한하고 비위에 거슬리면 깔아뭉개고 파괴한다. 법의 심판과 단죄를 받을 것은 불문가지다. 관재(官災)가 항상 따르지만 겁을 내지 않는다. 어려서는 부모에 거역하고 늙어서는 자식을 극하며 출가해서는 남편을 극하는 상관에게 바람 잘날 없이 파란만장할 것은 말할 나위도 없다. 선천적으로 말썽꾸러기요 사회의 문제아다.

바른말을 식은 죽 먹듯이 하고 말속에 가시와 독이 도사리고 있다. 귀 창을 찌르고 가슴을 뒤집어 놓는다. 사주에 상관이 있으면 덕이 박하고 복이 박하다. 박복하고 박덕한 것이다. 머리는 비상하고 천재이며 일인자이지만 기회와 무대가 없는지라 불평불만과 비판공격을 서슴지 않는다. 남이 간섭하고 참견하며 강제하는 것은 질색이다. 무엇이든지 자의자적이고 자율적이며 내 마음대로 해야 한다. 자존심이 대단하고 유아독존이다. 인격적인 지배는 감수하지만 물리적인 지배는 단호히 거부한다. 아버지가 인격적이면 무조건 순응하고 복종한다. 스승이나 윗사람이 인격적으로 대하면 존중하고 순종하지만 비인격적이고 부당하면 아버지든 스승이든 윗사람이든 불복하고 반항한다. 사리가 겨울처럼 밝은지라 사리가 옳으면 깨끗이 승복하지만 사리가 어긋나면 죽어도 승복하지 않는다. 차라리 부러질지언정 굽을 수 없는 것이다. 머리가 비상하고 탁월해서 다재다능하며 사리를 밝히고 판단하는 것이 번개이다. 하지만 머리를 숙이고 보비위하는 수완과 요령을 경멸하는지라 환경과 현실에 적응이 어렵다. 독불장군처럼 외롭고 이리 밀리고 저리 처진다. 약삭빠른 사람은 손해나는 말을 하지 않는다. 말 한마디에 천량 빚이 갚는 능변가다. 상관은 아픈 곳을 찌르기 때문에 말 한마디에 천량 빚이 생기고 많은 적이 생긴다. 입으로 재난(災難)을 불러일으키고 다 된 밥에 재(災)를 뿌린다. 하극상(下剋上)이 선천적이고 체질적이다.

직장에서 상하질서가 엄격하다. 윗사람이 시키는 일은 고분고분 따라야 한다. 하지만 상관이 사사건건 시비요, 비판과 반항과 하극상을 서슴지 않는다. 인격적인 상사는 존경하고 승복하지만 비인격적인 상사는 무시하고 경멸하며 불복하고 반항한다. 사장은 괘씸하다고 부당하게 해고를 하며 반드시 보복을 한다. 회사의 부정과 비리를 낱낱이 캐고 밝혀서 만천하에 공개하고 법의 심판을 받게 된다. 직장인으로서는 적합하지 않다. 상관(傷官)은 잘못 다뤘다가는 양호위환 처럼 크나큰 화를 당한다. 부정과 부패와 불법을 능사로 하는 기업에서는 상관을 쓰면 불덩이를 끌어들인 격이다. 부정과 불의와는 타협이 불가능한 동시에 용납을 할 수가 없기 때문이다. 남성은 아버지와 자식을 극함으로서 부독과 자식 덕이 없다. 초년에 고생 많듯이 말년이 고독하고 박복하다. 여성은 아버지와 남편을 극함으로써 아버지와 남편 덕이 박하다. 남편이 인격적이면 존경을 하고 무엇이든 순종하지만 남편이 비인격적이면 멸시하고 푸대접한다. 말이 많고 바른말은 잘하며 매사에 비판적이고 시시비비를 따진다. 노름을 하거나 바람을 피우며 바가지도 긁고 얼씬도 못하게 한다. 아량과 관용이란 털끝만치도 없다. 남편이 가만히 있을 리가 없다. 눈만 뜨면 싸우고 집안이 엉망이다. 상관은 참을성이 없다. 보기 싫은 남편과는 한시도 살수가 없다. 이혼을 서슴지 않고 뛰쳐나온다. 팔자를 고쳐서 재가를 하지만 남편이 비인격적이면 역시 똑같은 풍파를 겪는다.

팔자는 몇 번 이고 고칠 수 있지만 타고난 상관기질은 고칠 수가 없다. 만일 남편이 사주를 알고 아내의 상관기질을 안다면 어찌될까? 남편이 인격자면 도리어 기꺼이 반길 것이다. 상관은 인격자 앞에서 꼼짝을 못하기 때문이다. 하지만 비인격자라면 아무리 인물이 좋고 탐이 난다 해도 겁을 먹고 멀리할 것이다. 호랑이 굴에 뛰어 드는 격이기 때문이다. 상관은 인격자 앞엔 양처럼 현모양처가 되지만 비인격자에겐 호랑이처럼 사나고 거칠며 무섭다. 호랑이를 만나 남편이 온전할 수가 없다. 명이 긴 남편은 스스로 이혼해서 호랑이 굴을 탈출할 것이요, 명이 짧은 남편은 호랑이굴에서 시달리다 못해서 사별하고 단명할 것이다. 상관은 육신이다. 육신에는 반드시 희신(喜神)과 기신(忌神)이 있다. 기신이면 아버지와 자식과 남편을 극하고 평생 파란만장한 불운아이인데 반해서 희신 이면 식신과 같은 소원성취의 육신으로서 아버지와 자식과 남편 덕이 후하고 의식주가 부유하며 착하고 순하며 원만하고 다정하며 다복하다. 이름만 상관이지 모든 것은 식신과 같다. 총명하고 유능함으로써 식신보다는 부귀영화를 빨리 이룩하고 행복하게 누릴 수 있다. 상관이라고 해서 무조건 절대적으로 기피하는 것은 육신의 상대성을 모르는 상관 소아병 환자이다. 과연 어떻게 하면 상관이 희신이 되고 기신이 되는가? 내 사주의 상관은 과연 희신 인가 기신인가? 생각해 볼 필요가 있다.

<4>상관에 대한 요점정리

상관(傷官)이란?

　관을 상하게 하는 것이다.
관이라 함은 국가기관인데 관을 상하게 함은 규제에 대한 불복한다는 뜻이 된다. 상관은 성질이 자기를 높이고 타인을 누르고 올라 설려는 기질이 있기 때문에 항상 불안하고 평온하지 못하다. 그러나 관과 싸워 이길 수가 없어 때로는 액운이 되기도 한다.
　남명(男命)에서는 관이 자손인데 자식을 극하니 자녀가 액운을 겪어가게 되고 그러므로 무덕하다.
여명(女命)에서는 상관이 강하면 정관(남편성)을 강극하여 상부(喪夫)한다. 식신 상관이 희신이 될 때에는 하고자하는 사업 즉 일이 잘 풀려 좋은 결과가 나오기도 하지만 신약하여 기신일 때는 너무 설기당해 허약하여 인색하기도 하고 때로는 허세를 부리기도 한다.

통변할 때 요령은 ?

　여명(女命)에 강한 상관이 들어오면 정관을 극하기 때문에 남편과 인연이 박하다. 상관은 자식이기 때문에 자손이 많기도 하고 배다른 자손도 둘 수 있다.
이것을 뒤집어 생각한다면 남편 복이 없으면 재가 할 수 있고 재가하면 씨가 다른 자식도 둘 수 있다는 뜻이 된다.
여명에 상관과 도화가 동주하면 호색가요, 방탕아로 정부로 인해 고민하기도 한다.

대운, 세운, 에서 상관을 만나면 부부 불목하여 불화가 생기고 대운이 상관이고 세운이 정관이면 부부지간에 구설수가 따라 불화가 생긴다. 식신 상관은 사주에 재성이 있어야 길하다. 재성이 없으면 가난하게 산다.
강한사주에 용신이 상관일 때 하는 일이 매우 잘 풀리게 되므로 사업가 제조업자 예체능 연구 발명가 요식업 교육사업 등 좋은 일이 발생한다. 신약한 사주에 상관 운이 되면 허약하여 인색이 허세를 좋아한다.

직업적으로는 ?
  강한사주에 용신이 상관일 때 하는 일이 매우 잘 풀리게 되므로 사업가 제조업자 예체능 연구 발명가 요식업 교육사업 등 좋은 일이 발생한다.
신약한 사주에 상관 운이 되면 허약하여 인색이, 허세부리기를 좋아한다.

식신 상관이 세운에서 희 용신으로 들어올 때는?
  적극적인 행동으로 금전적인 욕구가 충족 성취된다.
지혜와 재능이 평소보다 높게 발휘되어 새로운 사업에 도전 성공하게 된다. 애정에 대한 욕구도 강하게 작용하여 여성은 임신도 한다. 후배 등 아래 사람의 도움으로 성공하기도 한다. 신병이 있어 허약한 사람은 건강이 회복되기도 한다.

식신 상관이 세운에서 기신으로 들어올 때는?
  범법행위 발생율이 높아 관재구설, 송사발생 윤리도덕적인 면이 희석되어 공분이 발생하고 심신이 허약하여 질병 도 발생하지만 감정을 억제하지 못하여 기연(忌戀)이 발생한다.

부정한 방법과 수단으로 금전을 취하게 되어 화가 되기도 한다.
남명은 자식문제로 어려움이 발생되고 여명은 남편에 불리하고 이성과의 인연으로 도색으로 인한 문제가 발생한다.
후배나 제자 등 아래 사람의 배신 등을 조심해야 한다.

내가 낳은 자 자손이 되니 가정적으로 편재가 부친이 되는데 부친을 낳은 자는 할머니가 되니 할머니는 상관이요 여자는 내가 낳은 자식이 음양이 같으면 나와 같으니 딸이고 음양이 틀리면 아들이 된다.

5. 정재 (正財)

내가 극하는 아극자(我剋者)의 오행을 재(財)라고 한다. 木은 土를 극하고, 土는 水를 극하며, 水는 火를 극하고, 火는 金을 극하며, 金은 木을 극한다. 이를 상극이라고 한다. 극을 지배하고 다스리는 것이다. 상극은 글자그대로 서로 극하는 것이다. 木이 土를 극하면 土는 역시 木을 극한다. 그렇지만 나무는 흙을 파헤치고 지배할 수 있지만 흙은 나무를 무찌르고 지배할 수 없다. 木은 土를 극할 수 있으나 土는 木을 극할 수는 없으니 이는 서로 극하는 상극이 아니고 일방적인 극이다.

서로 생해주는 상생은 음생 양, 양생 음이 기본이요 전부이듯이, 서로 대립하고 반목하며 극하는 것은 음극 음, 양극 양뿐이다. 상생은 서로 짝을 지어서 사랑하고 같이 사는 처녀 총각과 노처녀 노총각 사이인 金생水, 水생火가 진짜이듯이 상극은 부부가 될 수 없는 동시에 영원히 대립하고 경쟁하며 다투는 처녀와 노처녀, 총각과 노총각 사이인 金극水, 木극火가 진짜이다. 木에서 火가 생하는 것은 봄이 가고 여름이 오는 절기의 진행과 변화의 법칙으로서 일방적인 것이다. 木(봄)에서 火(여름)는 발생할 수 있으나 火(여름)에서 木(봄)이 발생할 수는 없다. 그것도 상극도 마찬가지다. 음과 음, 양과 양은 서로 대립하고 경쟁하는 상극을 할 수 있으나 木극土, 土극水. 水극火. 火극金, 金극木처럼 오행이 상극할 수는 없다. 상극은 강자가 약자를 지배하고 약탈하며 잡아먹는 약육강식이다.

그것은 짐승의 생존법칙이다. 인간은 강한 부모와 남편이, 약한 자식과 아내를 보호하고 부양할 뿐 절대로 약육강식을 하지 않는다. 사주의 주인공은 인간이지 짐승이 아니다. 인간의 사주에 짐승의 법칙이 존재할 수는 없다. 인간의 사주에는 오직 강자가 약자를 보호하고 부양하는 상부상조의 법칙이 있을 뿐이다. 그렇다면 木극土, 土극水, 水극火, 火극金, 金극木이란 무엇인가? 그 진리는 간단하다. 木은 土를 보호하고 부양하며 土는 水를 보호하고 부양하는 아부자(我扶者)요, 아양자(我養者)이다. 내가 힘으로 지배하고 약탈하며 죽이는 아극자와 내가 보호하고 부양하는 아부자는 정반대이다. 오행을 비롯한 상생상극을 글자대로 풀이하듯이 육신그대로 풀이하는 것은 터무니없는 잠꼬대요 넋두리인 것이다. 재(財)를 글자 그대로 풀이하면 재산과 재물이 된다. 내가 부양하는 것과 재물은 전혀 판이하다. 남자는 아내를 보호하고 아내는 피부양자로서 재가 된다. 기업주는 고용인을 보호하고 부양한다. 고용인은 공용주의 피부양자로서 재가 된다. 왜 아내를 부양하는가? 사랑과 자식을 얻기 위해서이다. 왜 고용인을 부양하는가? 돈과 부를 얻기 위해서이다. 공짜가 아니다. 자식과 부를 얻기 위한 수단이다. 정재는 일간이 극하는 오행으로서 음과 양이 되는 육신이다. 甲일주는 己를 보면 아극자이면서 음과 양의 관계로서 정재(正財)가 되듯이, 乙은 戊가, 丙은 辛이, 丁은 庚이, 戊는 癸가, 己는 壬이, 庚은 乙이, 辛은 甲이, 壬은 丁이, 癸는 丙이, 정재가 된다.

정재는 정당하고 합법적인 피부양자이다. 정식으로 결혼한 아내는 정당하고 합법적인 정재이다. 정당하고 합법적으로 채용한 고용인 또한 정재이다. 내 아내는 사랑하고 아끼며 정성으로 보호하고 부양하듯이 고용주는 고용인을 아끼고 사랑하며 정성껏 보호하고 분양한다. 일시적으로 이용하는 것이 아니다. 서로 돕고 의지하며 다정하게 살아가는 것이다. 음과 양은 유정하듯이 정재는 유정하다. 제 사랑과 자식을 낳고 돈과 부를 생해주는 아내와 고용인은 소중한 재산이기도 하다. 정당하고 합법적인 자기 재산인 것이다. 자기 재산은 아끼고 절약하며 함부로 낭비하지 않는다. 아내를 사랑하는 남편은 바람을 피우거나 방탕하지 않는다. 정당하고 합법적인 기업을 경영하는 고용주는 성실하고 검소하며 정직하고 착실하다. 노름이나 투기 따위로 불로소득을 하지 않으며 오직 근로소득에만 열중한다. 사주에 정재가 있으면 부지런하고 착실하며 정직하다. 맡은 바 직책을 성실하게 수행하고 부정이나 거짓이 없음으로써 고용주의 신임이 대단하다. 돈을 정당하고 합법적으로 열심히 벌고 저축한다. 안정되고 확실한 투자는 하되 일확천금하는 투기는 거들떠보지도 않는다. 지나치게 검소하고 절약하며 알뜰한 장점이 있는 반면에 융통성이 없는 고지식한 성품이 단점이랄까? 그래서 실수나 실패는 없다. 재산을 안전하고 철저히 관리하는 능력은 대단하나 치부하는 수완과 요령은 부족하다. 물질적인 욕망은 왕성하지만 허욕은 부리지 않는다.

부당하고 부정하며 불법적으로 돈을 버는 것은 원하지도 바라지도 않는다. 직장인으로서 모범적이고 유능하며 적성이지만 수완이 요령과 융통성을 으뜸으로 하는 기업에는 유능하지 못하다. 투기성 사업에는 더더욱 부적합하다. 유능하고 검소한 직장인은 부자는 아니지만 의식주는 안정되고 오붓하다. 신용이 보증수표처럼 두텁고 신임과 신의가 철저하다. 돈을 관리하는 업무나 재산을 관리하는 업무에는 가장 적임인 동시에 일인자이다. 그렇지만 돈을 빌리고 융통하며 요리하는 솜씨는 부족하고 무능하다. 투기나 허욕을 부리지 않음으로써 부도나 파산은 있을 수 없지만 불의의 재난으로 위기에 직면하면 속수무책이다. 임기응변할 수완과 재능이 없기 때문이다. 정재가 희신 이면 개미와 꿀벌처럼 부지런하고 보증수표처럼 신임이 대단해서 평생 의식주가 부유하고 잘 사는데 반해서 정재가 기신이면 허욕이 많고 투기를 즐기며 신용이 없고 거짓과 사기에 능함으로써 직장인으로서는 부적한 동시에 의식주가 부족하고 불안정하다. 아내를 제대로 부양할 수 없듯이 고용인을 부양할 능력이 없다. 실패와 부도와 파산이 잇따르고 평생 돈과 빚에 쫓기고 시달린다. 돈복과 재운이 박하고 없는 것이다.

<5>정재에 대한 요점정리

정재(正財)란 ?

 아극자(내가 극하는 자-我剋者) 財星(재성)이다. 재성은 정·편재로 나뉘는데 정재는 음양이 다른 것을 말한다.
정재는 재물로써 좋은 재물(좋은 처)이라도 사주구성이 잘 되어 있으면 재복이 좋고 재성이 왕하고 일주가 약하다면 재다신약(財多身弱)이라 하여 왕한재성에 의하여 신약해져 있으므로 재물을 취득하기 어렵고 저 또한 관장할 힘이 없어 공저가 일수도 있다.
재성은 왕하고 힘을 받아야하고 형 충을 당하지 않아야 길하다.

통변할 때의 요령은 ?

 정재가 강하면 정인(母星)을 극하여 모친과 인연이 박하다.

인성은 학문성이라 하는데 극상당하면 학업도 중단되고 어머니의 사랑을 받지 못하니 양육이 제대로 될 수 없다.
정재가 일지 외 타주와 지합(支合)을 하면 처가 부정하여 바람날 수 있다. 남녀 공히 세운 대운에서 정재 정관 운이 오면 혼사가 이루어진다.

직업적인 면으로 보면 ?

직업으로는 금융 증권 경리 직장인 기획 숫자를 다루는 일이 좋다.

6. 편재 (偏財)

　일간이 극하는 오행이면서 음과 양이 편고하면 편재라고 한다. 甲일주가 戊를 보면 甲과 戊가 양과 양으로서 편중되고 편고 하니 편재가 되듯이, 乙이 己를 보고, 丙이 庚을 보며, 丁이 辛을 보고, 戊가 壬을 보며, 己가 癸를 보고, 庚이 甲을 보며, 辛이 乙을 보고, 壬이 丙을 보며, 癸가 丁을 보면 편재가 된다. 음과 양은 상생하니 유정하고 상부 상생 하는데 반해서 음과 음 양과 양은 상극함으로써 무정하고 대립반목 한다. 부부간이 무정하고 노사간이 무정한 것이다. 같이 부부사이인데 왜 무정한 것일까? 정당하고 합법적인 아내가 아니기 때문이다. 임시변통으로 아내를 삼고 부부처럼 사는 것이다. 필요해서 같이 사는 것이다. 애정보다 이해타산을 위주로 서로 이용하는 것이다. 이용가치가 없으면 남편이 외면하듯이 아내도 마찬가지로 외면한다. 노사간에도 마찬가지이다. 정당하고 합법적인 만남이 아니다 서로 이용하기 위해서 만난 것이다. 이용가치가 없으면 언제든지 외면하고 떠날 사이인 것이다. 정이 있을 리가 없다. 이해타산이 부합되고 서로 이롭기 때문에 관계를 유지하는 것이다. 남을 이용한다는 것은 쉬운 일이 아니다. 머리가 번개처럼 돌아가고 수완과 요령이 비범하며 융통성과 임기응변이 뛰어나야한다. 정식아내는 없지만 천하의 여인을 아내로 삼을 재간이 있듯이, 내 돈은 없지만 천하의 돈을 융통하고 이용할 수 있는 수완과 능력이 있다.

여인이든, 고용인이든, 물주든, 필요하면 얼마든지 떡 주무르듯이 이용할 수 있다. 속이고 사기를 치는 게 아니다. 합리적이고 합법적으로 당당하게 이용하는 것이다. 은행돈을 쓰려면 담보나 예금이 있어야 한다. 백수 건달이 담보나 예금이 있을 리가 없다. 돈을 쉽게 빌릴 수 있는 것은 사채이다. 처음에는 가볍게 쓴다. 이자를 내면서 반드시 사례를 한다. 이자보다 사례가 더 값지면 욕심 많고 고리대금업자는 귀한 고객으로서 침을 삼키고 후대한다. 거래를 할수록 신용과 사례가 늘어난다. 홀딱 빠진 물주는 담보 없이 더 큰 돈을 자청해서 빌려준다. 빌린 돈은 은행에 예금한다. 예금이 많으면 은행이 칙사 대접을 한다. 은행돈을 거래하면서 편재는 천재적인 수완과 실력을 과시한다. 파격적인 사례로써 환심과 신임을 얻은 다음 은행돈을 떡 주무르듯 융통하고 이용한다. 값싼 이자로 떼돈을 버는 돈 장사를 함으로써 일확천금의 치부하는 것이다. 이용가치가 있으면 사채업자든 은행이든 물 쓰듯 돈을 쓰지만 이용가치가 없으면 헌신짝 버리듯 외면한다. 돈을 융통하는 것이 아니고 값진 미끼로 돈 사냥을 하는 것이다. 여성도 사기는 것이 아니고 사냥을 한다. 쓸 만하면 미끼를 던지고 돈을 물 쓰듯 한다. 미끼에 물린 여성은 애정이나 가정이 아닌 돈 사냥의 미끼로 이용한다. 천하미인으로 물주를 낚고 사냥하기란 식은 죽 먹기이다. 적수공권으로 만금을 희롱하고 벼락부자가 될 수 있는 것이 편재다. 조물주는 참으로 공평하다.

아내가 있고 직장이 있으며 자기 재산이 있는 정재에겐 정직하고 성실하며 검소하고 절약하는 천성만을 부여한데 반해서 아내도 없고 무일푼인 편재에게는 천하의 여인과 돈을 떡 주무르듯 이용하고 벼락부자가 될 수 있는 천재적 재능을 부여함으로써 정재 못지않게 부유하고 부러움 없이 잘 살게 하니 이에 더 공평하고 합리적인 처사가 어디 또 있겠는가? 물론 이는 편재가 희신인 경우다. 기신인 경우에는 그러한 재능과 수완과 융통성이 없다. 허욕과 투기에 빠져서 돈을 벌기에 수단과 방법을 가리지 않는다. 거짓과 사기를 서슴지 않음으로써 만인이 외면하고 불신하며 거들떠보지 않는다. 은행돈은 고사하고 사채도 융통할 수 없다. 노름판에서도 신용이 없는 건달로서 상대하지를 않는다. 같은 편재이지만 희신과 기신은 극과 극이다. 희신은 돈과 여자를 다루는 솜씨가 천재라서 천하의 돈과 여자를 떡 주무르듯 하는데 반해서 기신은 돈과 여자를 다루는 솜씨가 너무 서툴고 무능함으로써 돈과 여자와는 인연이 없다. 기왕이면 희신을 타고나서 억만장자가 되고 싶지만 조물주는 지독하리만큼 인색하고 짜다. 희신은 좀처럼 베풀지 않는다. 십중팔구(十中八九)는 기신을 타고난다. 그래서 이 세상에는 부자보다 가난한 사람이 더 많다. 재복이 없어서가 아니다. 편재가 기신이기 때문이다. 과연 나의 편재는 희신(喜身)인가, 기신(忌神)인가?

<6> 편재에 대한 요점정리

편재(偏財)란?

　아극자를 처재(妻財)라 하였으니 내가 극하는 오행이 음양이 같은 것을 말한다. 음양이 틀리면 본처가 되고 남자대 남자가 되니 부친과 첩(妾)이 되는 것이다.
편재도 관성을 생하기 때문에 관성이 좋아지는 것은 사실이나 정재는 음양이 배합되어 정(正)으로 보고 편재는 음양이 맞지 않아 부정(不正)으로 보기 때문에 정재는 본 부인으로 보고 편재는 애인 첩 등 부정적인 연인으로 보게 된다.
정재가 정당한 재물이이라면 편재는 투기 도박 밀수 고리대금 등 유동 재물로 보게 되는 것이다.
정재는 정당한 방법으로 치부(致富)하기 때문에 한품 두 푼 모아지는 것이니 월급으로 보지만 편재는 일확천금으로 버는 돈이니 쉽게 파산 할 수도 있다.

가정적인 면으로 보면 ?

　편재는 본처가 아니기 때문에 비견이 오면 가장 싫어한다. 정재와 정인은 무정지극이기 때문에 상호 의롭지 못하여 고부갈등이 있게 되는 것이다.

통변할 때의 요령은 ?

　편재가 강하면 편인을 극하여 조부와 인연이 박하여 조모가 재취하는 경우도 발생한다.
신왕한 사주에 편재가 있으면 사업성이 있고 복력이 후해 좋으나 정관과 함께 있으면 더욱 길하다.
편재가 약한 자리에 앉아 있거나 신약 사주일 때 재다생살(財多生殺)하면 고단하게 산다.

편재는 큰돈이고 아버지나 첩의 돈이기 때문에 험하게 마구 써버리는 습성도 있어 파재하는 경우도 있다.

직업적인 면으로 보면 ?
편재가 강한 사람은 투기 사업가 무역업 현금을 다루는 일 도박 주식 등도 된다.

7. 정관(正官)

　일간을 극하는 오행을 관살(官殺)이라고 한다. 木을 극하는 것은 金이고 金을 극하는 것은 火이다. 金은 木의 관살이듯이 火는 金의 관살이고, 土는 水의 관살이며, 水는 火의 관살이고, 木은 土의 관살이다. 나를 극하는 것은 극아자(剋我者)라고 한다. 글자대로 풀이하면 나를 강제로 지배하고 약탈하며 잡아먹는 무서운 적이요 살아자(殺我者)이다. 힘으로 싸워서 이기고 지며, 먹고 먹히는 것은 약육강식으로서 동물의 법칙이다. 인간은 짐승이 아니듯이 약육강식을 하지 않는다. 강자는 약자를 보호하고 부양하는 것이 인간의 윤리이며 도덕이다. 짐승의 사주는 약육강식이 절대적인 법칙이지만 인간의 사주는 강자가 약자를 보호하고 부양하는 윤리와 도덕이 절대적이다. 극하는 것은 이기고 지며 먹고 먹히는 것이 아니고 보호하고 부양하는 것이다. 아 극자는 재이다. 財는 내가 이기고 먹는 재물이 아니고 내가 보호하고 부양하는 아내와 고용이듯이 극 아자인 관은 나를 이기고 잡아먹는 호랑이가 아니고 나를 보호하고 부양하는 육신이다. 어려서 나를 사랑하고 보호하며 부양하는 것은 아버지이고 늙고 병든 나를 정성껏 공경하고 부양하는 것은 자식이며, 출가한 여자를 아내로서 극진히 사랑하고 부양하는 것은 남편이다.

　힘으로 무자비하게 이기고 잡아먹는 극아자(剋我資)와 사랑과 정성으로 나를 아끼고 보살피며 부양하는 부아자(扶我者) 내지 양아자(養我者)는 전혀 다르다.

중국 사주는 오행을 글자대로 풀이해서 木은 나무요, 火는 불이라 하듯이 상생상극도 글자대로 풀이해서 木은 火를 생하고, 火는 土를 생하며, 土는 金을 생하고, 金은 水를 생하며, 水는 木을 생한다. 木생火, 火생土, 土생金, 金생水, 水생木을 글자대로 풀이한 것이다.
상극 또한 木은 土를 극하고, 土는 水를 극하며, 水는 火를 극하고, 火는 金을 극하며, 金은 木을 극한다. 木극土, 土극水, 水극火, 火극金, 金극木응 글자대로 풀이한 것이다.

    육신 또한 글자대로 풀이하고 통용한다. 아극자는 재요, 극아자는 관이며, 아생자는 식신 상관이요, 생아자는 인수이며 비아자(比我者)는 비견 겁재라고 한다. 내가 지배하는 재(財)는 글자대로 재물이고 나를 극하고 지배하는 관살은 글자 그대로 벼슬과 살아 자이다. 관살을 보면 백성을 지배하고 약탈하는 벼슬아치요 호랑이처럼 두려워한다. 하지만 조물주는 인간의 사주에 짐승의 법칙이나 재물과 벼슬을 안배하지는 않는다. 타고난 인간관계와 환경을 구체적으로 밝힐 따름이다. 비견겁재는 나와 똑같은 재상이요, 상속자 내지 경영자이듯이 식신 상관은 타고난 재능과, 후천에서 얻은 지식과 기술을 발휘하는 기회요 무대이며 재는 아극자나 재물 아닌 아부자(我扶者)내지 아양자(我養者)인 아내요, 고용인이며 관살은 나를 이기고 지배하는 극아자요, 호랑이 같은 벼슬아치가 아니고 나를 부양하는 부아자(扶我者)내지 양아자(養我者)이다.

음양오행과 상생상극의 진리와 글자풀이는 하늘과 땅이듯이 육신의 진리와 글자풀이 또한 전혀 판이하다. 중국의 사주는 처음부터 글자풀이로 시종일관하는데 반해서 한국사주는 진리 위주의 풀이로 시종일관 한다.
일간과 관성이 음양이 다르면 정관(正官)이라 한다.
甲일주는 辛이 정관이듯이, 乙은 庚이, 丙은 癸가, 丁은 壬이, 戊는 乙이, 己는 甲이, 庚은 丁이, 辛은 丙이, 壬은 己가, 癸는 戊가 정관이다. 음과 양은 다정하듯이 정관은 다정하고 정직하며 부지런하고 유능하다. 나를 사랑하고 보호하며 길러주는 친아버지와 같다. 아버지는 인자하면서 엄격하다. 정관은 예의가 바르고 도량이 넓은 품위와 인격이 탁월해서 만인의 귀감이 되고 사표가 되는 군자라고 한다. 자식을 보호하는 것은 부모이듯이 백성을 보호하는 것은 법이다. 관은 생명과 재산을 보호하는 법이다. 정관은 정당한 법으로서 법과 질서를 지키고 순응한다. 예가 아니면 받지 않듯이 법이 아니면 행하지 않는다. 예와 법을 생명처럼 애지중지하는 것이 정관이다. 수완과 요령과 빽으로 출세하는 것을 바라지도 용납하지도 않는다. 법과 절차에 의해서 실력으로 정당하게 진급하고 출세한다. 아버지가 장관이나 사장이라 해도 특채는 추호도 바라지 않는다. 기고만장하고 유아독존이며 안하무인이고 무례하며 무법한 소인배가 아니다. 겸손하고 단정하며 우아하고 품위가 고상하다. 인격이 탁월하고 유능하며 능소능대함으로써 만인이 따르고 존경한다.

여성은 현모양처로서 정숙하고 남편을 하늘처럼 섬기고 공경한다. 예나 법에 어긋난 짓은 단호히 거부하고 거들떠보지도 않는다. 군자는 만인의 존경과 사랑을 받듯이 정관은 예와 법의 사표가 된다. 그래서 정관은 만인의 보호와 부양을 받아서 바르고 부유하게 잘살 수 있는 것이다. 사주에 정관이 있으면 예와 법을 소중히 여기고 만인 앞에 겸손하다. 윗사람을 섬기고 공경하는 정성이 지극하고 아랫사람에게는 아량과 관용을 베푼다. 육친(六親)상으로는 나를 부양하는 것이 어려서는 아버지요, 출가해서는 남편이며, 늙어서는 자식이지만, 사회적으로는 직장의 고용주이다. 고용주는 고용인에게 직장을 주고 의식주를 제공해서 아버지와 남편 못지않게 부양한다. 직장인 내지 고용인이 되려면 학식과 능력이 풍부해야 한다. 무식하거나 무능하면 직장을 얻을 수 없다. 정관은 일정한 지식과 능력을 갖춤으로써 유능한 고용인으로서 어느 직장에서든지 환영과 신임을 받을 수 있다. 직무를 완수하려면 부지런하고 정직하며 쉬지 않고 노력하고 분발해야 한다. 정관은 실력이 뛰어나고 책임감이 왕성하며 인격이 풍만함으로써 공무원이든 회사원이든 직장인으로서는 가장 적성이 맞고 적임자이다. 성격이 차분하고 주도치밀 하며 합리적이고 진취적이어서 유망한 직장을 쉽게 얻을 수 있는 동시에 힘써 분발함으로써 일취월장하게 된다. 고용주와 윗사람을 섬기고 공경하는 정성이 지극함으로써 각별한 신임과 총애를 받기도 한다.

<7>정관에 대한 요점정리

정관(正官)이란 ?

나를 극하는 오행이며 음양이 다른 것이다
사주에서는 정관은 관청이라고 생각하면 된다. 관은 국민의 안녕과 질서를 위하여 규칙을 정하고 정당하게 규제하게 되니 품위가 단정하고 바른생활을 하게 되니 수려한 인격을 가지게 된다.
가정적으로 보면 남명 에서는 자식이 되고 여명에서는 본남편으로 본다. 사회적으로 보면 남녀 공히 정당한 직업으로 보면 된다.

통변할 때의 요령은 ?

여명에 정관이 강하면 많은 남편의 시중을 들어야하니 질병이 떠날 날이 없고 엄격한 남편을 만난 격이니 자유롭지 못하고 틀에 박힌 여자로 살게 된다.

정관 편관이 혼잡 되고 합이 되면 관살혼잡이라 하여 음란하게 살고 수치심이 없다. 정관이 합이 되면 정관이 특성을 발휘하지 못하고 천간에 편관이 지지에 정관이 있어 혼잡되면 매사에 근심 걱정이 많다.

직업적인 면으로 보면 ?

직업으로는 행정직 공무원 교육 법률 등 정적인 공무원 회사에서는 사무직이 좋다. 정관은 길(吉)신으로 본다.

8. 편관(偏官)

일간이 음과 음, 양과 양이 되는 관(官)을 편관(偏官)이라고 한다. 甲일생은 庚이 편관이듯이, 乙일생은 辛이, 丙일생은 壬이, 丁일생은 癸가, 戊일생은 甲이, 己일생은 乙이, 庚일생은 丙이, 辛일생은 丁이, 壬일생은 戊가, 癸일생은 己가 편관이다. 일간에서 일곱 번째 나타나는 십간으로서 칠충(七沖)또는 칠살(七殺)이라고 한다. 음과 양은상생으로서 유정한데 반해서 음과 음, 양과 양은 상극으로서 무정하다. 정관은 유정한 부아자(扶我者)요, 고용주인데 반해서 편관은 무정한 부아자요 고용주이다. 정관은 일간이나 자신이 유정한데 반해서 편관은 사주의 주인공인 나 자신이 무정하다. 정관은 예와 법에 밝고 단정하며 온화하고 성실한 동시에 만사에 순리적이고 단계적인데 반해서 편관은 성급하고 사나우며 영웅적인 기질이 있다. 예나 법에 구애받지 않고 권위적이고 비약적인 직분과 출세를 추구한다. 무골형(武骨型)이고 호전적이며 진취적이고 능동적이다. 군인, 경찰, 언론, 헌병, 수사관, 체육계에 적성이고 문관이나 평범한 일반직으로서는 부적하다. 아니꼬운 것은 질색이고 피동적이고 타율적인 간섭이나 지배는 용납하지 않는다. 백수의 왕인 호랑이처럼 만인 위에 군림하고 호령하는 것을 즐긴다. 같은 군인이라도 헌병을, 같은 경찰이라도 수사관을, 같은 언론이라 해도 외부활동 하는 기자직을 원한다. 자유와 독립을 추구하고 자율적이고 독자적이다.

아량과 관용이 부족하지만 도량과 기량은 비범하다. 학식이 풍부하고 지덕(智德)을 겸비하면 만사에 능소능대하고 만인을 교화하는 출중한 지도자로서 이름을 떨칠 수 있다. 여성이 편관을 가지면 남성적이고 능동적이다. 남편을 비롯해서 누구에게나 고분고분 따르거나 순종하기를 싫어한다. 남녀 간에 재물보다는 권위와 명예를 추구한다. 자존심이 대단해서 인격과 체면을 손상하는 것은 단호히 배격한다. 성급하기가 바람 같고 일단 화를 내면 물불을 가리지 않음으로써 평지풍파를 일으키기 쉽다. 덕망이 높은 스승이나 지도자를 만나면 구름과 여의주를 얻은 청룡처럼 비약적인 발전과 더불어 천추에 이름을 떨치는 크나큰 인물이 될 수 있다. 정관과 편관은 직장이자 고용인으로서 나를 고용하고 부양하는 고용주에 의지한다. 직장인이 되려면 지식과 기술이 능한 동시에 체력과 정신력이 건전하고 왕성해야 한다. 무지하거나 무능하면 직책을 감당할 수 없음으로써 취직하고 고용될 수가 없다. 일간이 월지에서 건록 제왕이면 체력과 지능이 왕성함으로써 무엇이든 감당할 수 있다. 정관이든 편관이든 능소능대하게 빛을 낼 수 있는 희신(喜神)이면 크게 분발하고 출세할 수 있다. 유능하고 전형적인 직장인 내지 고용인으로서 일취월장하고 장부의 큰 뜻을 이룩할 수 있다. 반대로 일간의 월지에서 12운성으로 절태(絶胎)가 되면 관성(官星)을 감당할 수 없음으로써 크나큰 기신(忌神)이 되는 동시에 낭패를 당한다.

어머니 뱃속의 태아처럼 유약한지라 직장인이나 고용인 노릇을 할 수 없기 때문이다. 관은 나의 생명과 재산을 보호하는 법이다. 관이 희신이면 법이 유정하고 멋지게 보호해 주는데 반해서 관이 기신이면 법이 무정하고 도리어 나를 괴롭히고 박해한다. 평생 법 때문에 곤욕을 치르고 피해가 막심하다. 관재(官災)와 질병이 끊이지 않는다. 여성은 관성이 남편이다. 관성이 희신이면 남편을 능히 섬기고 공경함으로써 남편의 사랑과 덕이 지극한데 반해서 관성이 기신이면 남편이 무정하거나 무능함으로써 고생이 많고 불행하다.

<8>편관에 대한 요점정리

편관(偏官)이란 ?

 편관은 나를 극하는 오행이기 때문에 가장 두려워하는 육신이다. 무정지극으로 나를 극하기 때문에 칠살 이라고도 한다. 편관은 음양이 같은 오행으로 정당하게 극하지 않고 중오로 극하기 때문에 살이라고 부른다.
정관의 성품이 단정한 공무원 이라면 편관은 권력투쟁 군인 경찰 검찰 수사관 교도관 등으로 구분한다.

통변할 때의 요령은 ?

 편이 강하면 단명 불구 고질병 등이 발생 할 수 있다.
여명에 편관이 많으면 일부종사 하지 못하고 여러 번 결혼 할 수도 있고 화류계로 살아가는 자도 있다.

편관이 강하고 양인 괴강 상충 등이 있으면 편관에 맞는 직업으로 가면 대성하지만 그렇지 못하면 대흉하여 일생을 고단하게 살아간다.

편관이 강하면 형제를 극하기 때문에 형제 덕이 없고 남명에는 자식이 되기 때문에 많은 자식을 키우려면 고단하게 된다. 여명에서는 편관이 정부로 보기 때문에 일부종사 못하고 많은 남자를 상대하는 입장임으로 몸이 고단하여 질병과 때로는 단명하게 살 수 있다.

직업적인 면으로 보면 ?
경찰 군인 법관 검사 수사관 등이 적합하다. 형권을 잡으면 대성하나 잡지 못 하고 잡히면 범죄인으로 고단하게 살아간다.

9. 인수(印綬)

　일간을 생해주는 오행으로서 일간과 음 양관계의 육신을 인수(印綬)라고 한다. 음과 양은 상생으로서 정관 정재라고 하지만 인성(印星)은 정인(正印)이 아니고 인수라고 한다. 甲일생은 癸가 인수이듯이, 乙일생은 壬이, 丙일생은 乙이, 丁일생은 甲이, 戊일생은 丁이, 己일생은 丙이, 庚일생은 己가, 辛일생은 戊가, 壬일생은 辛이, 癸일생은 庚이 인수가 된다. 인수는 나를 생해주는 생아자(生我者)라고 한다. 나를 생하는 것은 어머니이다. 고전 사주에서는 생모를 인수라고 한다. 그렇지만 인수는 단순한 생모가 아닌 양아자(養我者)이다. 육체적으로 길러주는 양육자인 동시에 정신적으로도 길러주는 교육자이다. 의식주를 공급하는 동시에 장차 의식주를 자급자족할 수 있는 육체적이고 정신적인 생활능력을 길러주고 마련해 준다. 음양이 상생하는 인수는 다정하다. 마치 생모가 친자식을 먹이고 입히고 가르치고 사랑하듯이 태어나면서 의식주가 넉넉함과 동시에 정상적인 교육을 받을 수 있다. 인수는 만인이 생모처럼 다정하게 나를 기르고 보살피며 가르치고 인도한다. 의식주를 잘 타고남으로써 잘 먹고 잘사는 동시에 건강하게 자라날 수 있다. 교육 또한 소망대로 정상적으로 받을 수 있음으로써 학식이 풍부하고 덕성(德性)까지 겸비한다. 다정하고 인자하며 원만하다. 만인이 나를 보살펴 주듯이 남을 보살피고 도움을 받는 것을 즐김과 동시에 만인이 나를 가르치고 인도하듯이 남을 가르친다.

정인은 가르치고 인도하는 것을 즐긴다. 사주에 인수가 있으면 먹는 음식을 잘 소화할 수 있듯이 배움의 공부를 잘 소화하고 납득할 수 있다. 위장이 튼튼하고 건강하게 자라나듯이 두뇌가 총명해서 학문에 능하고 학자가 될 수 있다. 지식이 풍부함으로써 직장인으로서 유능한 동시에 교육자로서도 탁월하다. 진리를 탐구하는 철학과 종교에도 관심이 많고 일가견을 갖는다. 만인이 나에게 다정하게 베풀어 주듯이 나 또한 만인에게 다정하게 베푸는 것을 즐긴다. 자선사업을 비롯해서 교화사업, 육성사업, 사회사업 등에 천부적인 소질이 있다.

<9>정인에 대한 요점정리

정인(正印)이란 ?

　나를 낳아준 자는 부모라 하였으나 정인은 친어머니를 뜻한다. 음양이 다른 것이다. 정인은 내 몸을 생해준 생모로 후원자가 된다. 정인은 위사람, 좋은 사람, 정신적으로 나에게 도움을 주는 후원자로 본다. 정인은 교양이 되기 때문에 학문 교육 문서 수양 등에 해당된다.

통변할 때의 요령은 ?

　정신적인 년 월주에 정인이 있으면 조상의 음덕이 있다고 하고 월주에 정인 있으면 교육자가 많다. 사주에 관성과 인성이 상생하면 관인상생이라 하여 직업성이 매우 좋다. 그 이유는 관성이 인성을 생하여 나를 도와주므로 관에서 직인을 구비하는 현상이 되어 고관대작으로 입신양명한다.
그러나 관성이 없고 인성만 강하면 의지력이 약하고 안일무사 형이 되어 예술가로 진출하기도 한다.
정인이 강하면 상관을 극 하게 되고 상관은 성격이 괴팍하여 오히려 정관을 극하게 되니 직장(직업)에 문제가 발생하기도 한다.
여명에서 정인이 너무 강하면 정관의 힘을 설기시켜 남편이 무력해지고, 상관자식을 극하기 때문에 무자하거나 때로는 자궁에 병이 생길수도 있다. 정인이 있고 정관이 없는 사주는 발달이 늦다.
사주 원국에 식신 정재 정관 정인 등 정자가 많으면 유덕 자상한 성격으로 만인의 추앙을 받지만 상관과 편재가 많은 자는 편협 된 성격이 되어 왕따 되거나 고단한 삶을 살게 된다. 정인은 교양이 되기 때문에 학문 교육 문서 수양 등에 해당된다.

10. 편인(偏印)

　일간을 생해주는 오행이 일간과 음과 음, 양과 양이 되면 편인이라고 한다. 甲일생은 壬이 편인이 되듯이 乙일생은 癸가, 丙일생은 甲이, 丁일생은 乙이, 戊일생은 丙이, 己일생은 丁이, 庚일생은 戊가, 辛일생은 己가, 壬일생은 庚이, 癸일생은 辛이, 편인이다.

인수(印綬)는 일간과 오행이 음과 양으로서 다정한데 반해서 편인은 음과 음, 양과 양으로서 무정하다. 의식주를 공급하는 양육과 정신적 지능을 공급하는 교육이 무정하고 부실하다. 마치 자식을 냉대하는 계모처럼 인정이 없고 차며 푸대접이 심하다. 편인은 만인이 계모처럼 몰인정하고 외면하며 냉대한다. 의식주가 부족하고 교육도 제대로 받을 수가 없다. 계모 앞에서는 눈치코치로 밥을 먹고 자라나야 하듯이 편인을 타고난 인생은 어려서부터 환경이 냉혹함으로써 눈치와 재치로 의식주를 자급자족함과 동시에 공부도 스스로 해야 한다. 다재다능하고 약삭빠르며 임기응변이 능하다. 의식주를 제공하는 직장도 무정함으로써 취직이 어려운 동시에 한 곳에 오래 머무를 수가 없다. 가장 절실한 것은 사랑과 정이다. 참다운 사랑과 정을 누리지 못하는 것이 한이다. 어쩌다가 뜨거운 애정을 만나면 나도 모르게 홀딱 빠진다. 그렇지만 편인 앞에는 참다운 애정이 없다. 그래서 애정을 무척 탐하면서도 쉽게 식고 권태를 느낀다. 계모처럼 무정한 사회에서 살아가려면 뛰어난 재치와 인기가 있어야 한다.

편인은 인기 직업이라야 빛을 볼 수 있다. 무엇을 해도 능소능대하지만 차가운 환경을 헤쳐 나가기란 산 넘어 산이다. 열두 가지 재간을 가지고도 가난한 것이 편인이다. 풍요하고 안정된 의식주가 소원이지만 항상 불안하고 초조한 것이 현실이다. 인생과 운명에 대한 회의를 느낀 나머지 철학과 종교에 깊은 관심을 갖는다.

무정한 만인을 상대로 살아가려면 만인의 이목을 집중시킬 수 있는 뛰어난 독창적인 작품을 창작하고 개발해야 한다. 그것은 위대한 예술과 철학이다. 편인은 탁월한 재능을 타고남으로써 예술과 철학에 천재적 소질이 있다. 평범한 직능이나 학문으로서는 성공하기 어렵지만 독보적인 예술이나 철학 또는 종교에 진출하면 기발한 성공을 할 수 있다. 물질적으로는 부족과 고생이 많지만 정신적으로는 뉘우치고 깨닫는 것이 많음과 동시에 항상 새로운 희망과 보람을 얻을 수 있다.

편인은 고생을 밥 먹듯이 해야만 비로소 기쁨과 즐거움 누릴 수 있다. 어려서와 젊어서는 파란만장하고 시련과 수난이 많지만 정신적 연구와 개발에 몰두하고 시종일관하면 마침내 크나큰 성공을 거둠으로써 인생의 꽃을 피우고 풍요한 결실을 거둘 수 있다. 대기만성이 숙명적이다. 지성이면 감천이라고 천하에 계모도 지성 앞에는 감동하지 않을 수 없는 것이다. 인수와 편인은 나를 질적이고 정신적으로 양육하는 양아자다. 양육을 받는 것은 어리고 약하며 무능하기 때문이다.

성인이 되고 유능하면 건전한 어른은 스스로 독립하고 자급자족함으로써 양육이 필요치 않으며 동시에 전혀 쓸모가 없다. 일간이 월지에서 절태(絶胎)가 되거나 장생 목욕과 병사(病死)처럼 부모나 자식의 부양이 필요한 신약자(身弱者)는 인수와 편인이 절실한 희신(喜神)으로서 물질적 정신적인 양육을 크게 누릴 수 있지만, 건록 제왕이 되는 일간은 정신적으로 성숙하고 완전무결한 천하장사로서 인수와 편인이 전혀 무용지물인 기신(忌神)으로서 도리어 장애가 되고 불리하다. 인성(印星)이 희신이면 편인도 인수와 같다, 다정하고 유용하며 유익한데 반해서 인성이 기신이면 인수도 편인처럼 무정하고 무용하며 무익하다.

<10>편인에 대한 요점정리

편인(偏印)이란 ?

나를 낳아준 자는 부모라 하였으나 편인은 음양이 같은 것을 말하기 때문에 남녀 공히 계모 유모 서모 양모가 된다. 편자를 넣어 해석하면 이해가 쉽다.
편협 된 학문 교육 등이 되므로 오래가지 못하고 일시적이고 편파적이어서 유명무실 되기 쉽다.
편인은 일명 도식(倒食)이라고 하는데 사주에 편인이 기신이고 세운에서 편인 운이 들어오면 밥그릇이 없어지는 형상이되니 금전거래 (수표, 문서, 증서, 인장)등을 조심해야 하며 재산상의 불이익으로 패가망신 한다.

통변할 때의 요령은 ?

편인이 강하면 식신을 극하여 재물이 모아지지 않는다. 그 이유는 식신은 창고요 금고인데 창고에 있는 물건을 훔쳐가는 형상(도식)이라 도난을 당하기도 한다.

또한 식신은 지갑과 호주머니가 되기도 하는데 칼로 호주머니를 찢는 형상이라 호주머니에 넣기만 하면 흘러 버리니 편인이 많으면 무엇이든지 빠진 독에 물붓기와 같아 재물이 모이지 않고 새어나간다.
양팔 통 사주이고 편인이 강하면 처자식과 인연이 박하다.
신약사주에 편이 많으면 삶이 고단하고 신강사주에 편인이 많은데 재성 운을 보면 전화위복 길해진다.

직업적인 면으로 보면 ?
　직업으로는 역술가 점술 연예인 도박꾼 종교가 외국어 통역관 기능공 언론인 등이 적합하다.

지금까지 10신(六親-六神)에 대하여 구체적으로 설명하였으나 잘 이해도 안 될뿐더러 혼동되어 알 것 같으면서도 이해가 잘 안 가는 학인(學人-독자)들이 많을 것입니다. 혹자는 내가 머리가 나빠서 하고 포기 할 마음으로 책장을 덮는 분들이 있을 것 같아 부탁의 말을 전하고자합니다. 절대 머리가 나쁘거나 공부 못해서가 아니라 아무리 좋은 머리를 가지고 있다 해도 전혀 다른 세계의 학문을 접한 여러분의 지금 그 상태가 정상이라는 것을 노파심에 말씀 드리는 것이니 절대 포기하지 마십시오. 필자는 다른 사람이 하두 번에 할 수 있는 일이라면 나는 열 번 백번을 해서라도 기어코 이 길을 가겠다고 공부방에 기백재(己百齋-나는 100번이라도 하겠다)라는 방 문패를 걸고 공부했으며 지금의 역사실(易思室-연구실)방문 앞에 **"己 百 齋"** 라는 명패를 달아 놓고 초심의 마음으로 공부합니다.

이 길이 그렇게 만만한 길이 아닙니다. 독자 여러분 중에는 나이도 들고 산전수전 다 겪고 볼 것 못 볼 것 다보고 여기까지 오신 분들이 많을 것인데 여기까지 오는 과정이 얼마나 힘들게 왔는데 포기 한단 말입니까? 필자는 여러분의 마음을 충분히 이해합니다. 나이 50이 넘은 늦은 나이에 여러분과 똑 같은 마음에서 시작했었으니까요. 마음을 가다듬고 초심의 마음으로 돌아갑시다. 여러분에게 희망의 등불이 되어 드리겠습니다.
지금부터 더 이해하기 쉽게 육신 복습을 하겠습니다.

육신은 간지를 상호대조하여 그 사이에 일어나는 운명에 대한 작용력(作用力)의 경중(輕重)및 왕쇠(旺衰)를 육신 및 12운성으로 표시하고 그것이 사주구성에 있어 그 위치를 대조하여 미치는 영향력을 판단하는 것으로 복식 판단법이라고 한다.

육신은 일간을 각주(各柱)의 간지와 대조하여 그 사이에서 발생하는 운명에 대한 작용력을 추상하는 성(星)의 이름으로 표시하는 것인데 이것은 오행을 기초로 하는 것으로 오행의 대명사(代名詞)라고 생각하면 된다.

육신은 비견(比肩) 겁재(劫財) 식신(食神) 상관(傷官) 편재(偏財) 정재(正財) 편관(偏官) 정관(正官) 편인(偏印) 정인(正印)의 10종이 있는데 이것을 십신(十神)이라고 칭한다.

육친, 육신(六親, 六神)

　사람들의 운명을 감정할 때에는 오행을 먼저 관찰하고 다음은 육신을 살펴 감정을 하면 된다.

사주에서의 중심은 바로 나(我)이고 나를 말하는 것은 사주팔자 중 일간(日干)이다. 나인 자신을 중심으로 나를 낳아준 부모와 형제와 배우자 그리고 자식의 운을 보고 나를 중심으로 가족관계, 대인관계를 볼 수 있다.

그리고 사회적 위치와 활동과 재산 직업 건강 또는 능력과 행운 등을 볼 수 있도록 한 것이 바로 육친법이다.

육신표출법(六神表出法)

육친 표출법은 다음과 같다. 처음에는 이해가 잘 안되지만 육친 표출법을 잘 생각해 이해하면 아주 쉽게 인식 할 수가 있다. 1, 은 나와 같은 자요, 2, 는 내가로 시작되어 내가 생한다. 3, 은 나를 로 시작해서 나를 극하는 자이고 4, 는 내가로 시작해서 내가 극하는 자이며 5, 는 나를 극하는 자이고 6, 은 나를 생하는 자이니 **나와 내가 나를** 로 구분하면 쉽게 기억할 수 있다.

1. 比我者 兄弟 (비 아 자 형 제)

나와 같은 자는 바로 형제라는 뜻이다. 비견(比肩) 겁재(劫財) 일간 오행과 같은 오행을 일컬어 비겁이라고 하는데 비겁이란 비견과 겁재의 약칭이다.

비견(比肩)이란? 일간과 오행이 같고 음양이 같은 것
겁재(劫財)란? 일간과 오행은 같으나 음양이 다른 것

2. 我生者子孫 (아 생 자. 자 손)

내가 낳은 자는 자손이라는 뜻이다. <식신(食神) 상관(傷官)> 일간이 생하는 오행을 일컬어 식상이라고 하는데 식상이란 식신과 상관의 약칭이다.

식신(食神)이란 -일간이 생하는 오행으로 음양이 같은 것
상관(傷官)이란 -일간이 생하는 오행으로 음양이 다른 것

3. 我剋者妻財(아 극 자. 처 재)

내가 극하는 자는 처와 재물이라는 뜻이다.<정재(正財) 편재(偏財)> 일간이 극하는 것을 말하며 재성(財星)이라고 하는데 재성은 정·편재로 나누게 된다.

편재(偏財)란- 일간이 극하는 오행으로 음양이 같은 것
정재(正財)란 -일간이 극하는 오행으로 음양이 다른 것

4. 剋我者官鬼(극 아 자. 관 귀)

나를 극하는 자는 관 귀 라는 뜻이다.<정관(正官) 편관(偏官)> 일간을 극하는 것을 말하여 관성(官星)이라고 하는데 관성은 정·편관으로 나누게 되나.

편관(偏官)란- 일간이 극하는 오행으로 음양이 같은 것
정관(正官)란- 일간이 극하는 오행으로 음양이 다른 것

5. 生我者父母(생 아 자. 부 모)

나를 낳아준 자는 부모라는 뜻이다. <정인(正印) 편인(偏印)> 일간을 생하는 것을 말하여 인수(印壽)라고 하는데 인수은 정·편인으로 나누게 된다.

편인(偏印)이란- 일간을 생하는 오행으로 음양이 같은 것
정인(正印)이란- 일간을 생하는 오행으로 음양이 다른 것

四柱八字 (사주팔자)

년의 간지 -사주중 년의 간지가 표시하는 운명은 일평생을 통한 것이며 이것을 대인관계로 보면 어른 및 상사를 의미한다.

월의 간지 -주로 성년 후의 운명을 표시하고 대인관계로 보면 형제자매 친구 동료 등을 의미한다.

일의 간지 -일의 간지를 중심으로 하여 타 간지를 대조하게 되므로 일간은 나이고 지지는 배우자를 의미하며 운명은 주로 청년시대와 결혼 및 배우자의 일신상의 문제를 의미한다.

시의 간지 -주로 유년기와 노년의 운명과 재운 및 건강을 보며 대인 관계는 자손 및 아래 사람과의 관계를 의미한다.

六 神 분석

육신 표출은 음양의 상호배합 작용으로 편과 정으로 구별하게 된다. 편이 다섯 개 정이 다섯 개로 나누어 십신(十神)이 되는데 비견 겁재 식신 상관만 정, 편, 으로 나누지 않고 나머지 육신은 정편으로 나누게 되니 혼동이 없기를 바란다. 양과 양, 음과 음, 을 편이라고 하고 음과 양, 양과 음, 을 정이라고 한다.
참고로 말하자면 옛날에는 비견을 정록 겁재를 편록 식신을 정식 상관을 편식이라고 하였으나 요즘은 쓰지 않는다.

왕 상 휴 수 사 (旺相休囚死)

오행의 성쇠 즉 강약을 구분하기 위해 천간에 오행과 지지의 오행을 대조하여 기세를 측정하는 방법이다.
왕(旺)은 비겁이니 가장 강하고 상(相)은 인수이니 도움을 받아 강한 편이고 휴(休)는 내가 생하는 식상이니 약간 쇠약해졌지만 힘이 남아있고 수(囚)는 내가 극하는 재성이니 힘이 빠져 갇혀있는 형상이며 사(死)는 내가 극을 당하는 관성으로 얻어맞는 입장이 되니 힘이 쇠약하여 정지된 상태를 말한다.
이 법은 일주(日柱)의 강약을 구분 측정하는 법으로 생일의 천간 대 생월의 지지와 비교해 보는 것이다.

생월(生月)의 지(支)와 일주(日柱)의 간(干)이 같은 오행 즉 비견 겁재를 왕(旺)이라고 하고 생월의 지지가 일간을 생하는 오행을 상이라고 하며 일간이 월지를 생하는 오행을 휴 라고 하고 일간이 월지를 극하는 오행을 수라고 하는 것이며 일간이 월지의 극을 받는 것을 사라고 한다. 이와 같이 일간을 중심을 왕상(旺相) 즉 비견 겁재 정인 편인을 신왕 또는 신강이라고 하는 것이고 휴(休)는 일간이 생하는 것으로 힘이 빠진다 하여 설기(泄氣)라고 하며 수사(囚死)는 내가 극하고 나를 극하는 것이기 때문에 일주가 쇠약하게 되니 이것을 신약이라고 칭하는 것이다.

왕상휴수사 도표

	왕(旺) 비겁	상(相) 인성	휴(休) 식상	수(囚) 재성	사(死) 관성
甲乙 (木)	寅卯 (春)	亥子 (冬)	巳午 (夏)	辰戌 丑未	申酉 (秋)
丙丁 (火)	巳午 (夏)	寅卯 (春)	辰戌 丑未	申酉 (秋)	亥子 (冬)
戊己 (土)	辰戌 丑未	巳午 (夏)	申酉 (秋)	亥子 (冬)	寅卯 (春)
庚辛 (金)	申酉 (秋)	辰戌 丑未	亥子 (冬)	寅卯 (春)	巳午 (夏)
壬癸 (水)	亥子 (冬)	申酉 (秋)	寅卯 (春)	巳午 (夏)	辰戌 丑未

제2장
제살론(諸殺論)
-중요한 신살을 론(論)하다.-

제살이란 사주 학에 등장하는 모든 살을 말한다.
살은 길살(吉殺)과 흉살(凶殺)이 있는데 사주 학에 등장하는 살의 종류가 100여개 이상이 된다고 한다.
이 많은 살을 적용하게 되면 어떤 사람이든 살에 걸리지 않는 사람이 없고 또한 이 살의 작용력이 크지 않다 하여 아예 살을 보지 않는 학자들도 있다.
그러나 사주학을 연구하면서 무시할 수 없는 것이 이 살이다. 그러므로 제살 편에는 우리가 꼭 알아야 할 작용력이 큰 중요한 살만 수록한다.
전편에서 배운 **충 형 파 해**도 물론 살 편에 들어가는 살이지만 전편에 설명되었음으로 그 외의 중요한 살과 12신 살을 중점적으로 다루도록 한다.

<1> 공망(空 亡)
공 망은 공치고 망한다는 의미가 내포되어 있다.
앞장에서 공망의 의의에 대하여 설명하였던바있어 여기에서는 살의 작용에 대하여 설명하기로 한다.
천간 10종과 지지 12종이 배합 하다보면 두개의 지지가 남게 되는데 이것을 공망 이라고 한다.
공망은 日柱를 중심으로 하여 공망을 찾는다.(일주공망)

사주 중 吉星이 공망이면 吉한 운이 감해지고 흉성이 공망이면 흉한 운이 감해진다. 용신이 공망이면 뜻을 크게 펴지 못하고 연지가 공망이면 조상 덕이 없고 시지가 공망이 되면 자녀가 뜻을 크게 펴지 못한다. 만약 연운에 공망이 되면 그해의 년운이 길운이면 吉운이 감해지고 凶운이라면 흉한 운이 감해지게 된다.

(공망은 형충파해나 合이되면 해공된다.)

공망조견표 <甲子 일생이면 子에 甲을 놓고 癸까지 순행 다음 두자 戌亥공망이다>

										공망
甲子순	甲子	乙丑	丙寅	丁卯	戊辰	己巳	庚午	辛未	壬申	癸酉	戌亥
甲戌순	甲戌	乙亥	丙子	丁丑	戊寅	己卯	庚辰	辛巳	壬午	癸未	申酉
甲申순	甲申	乙酉	丙戌	丁亥	戊子	己丑	庚寅	辛卯	壬辰	癸巳	午未
甲午순	甲午	乙未	丙申	丁酉	戊戌	己亥	庚子	辛丑	壬寅	癸卯	辰巳
甲辰순	甲辰	乙巳	丙午	丁未	戊申	己酉	庚戌	辛亥	壬子	癸丑	寅卯
甲寅순	甲寅	乙卯	丙辰	丁巳	戊午	己未	庚申	辛酉	壬戌	癸亥	子丑

<2> 원 진(怨嗔)

원진이란 미움 살 이라고도 한다.

은근히 미워하고 시기 질투 증오하는 등 부부사이가 원진살이 제일 강하게 적용되며 고부 부모 자식 간의 순서로 약하게 된다.

子未   丑午   寅酉   申卯   辰亥   巳戌

<중국이나 일본은 원진을 보지 않으나 우리나라에서는 부부사이에는 많이 적용되고 있다.>

<3> 양 인(羊刃)

양인을 갖은 자는 성급 강 폭한 기운을 가지고 있다.

강열 횡폭한 기운이 있기에 영웅열사 특히 무관으로 출세하는 수가 많다.

사주 중에 양인이 셋 이상이면 벙어리 귀머거리 장님 등 신체 불구자가 되기 쉽다.<양인은 양간에만 적용 한다>

천간	甲	乙	丙	丁	戊	己	庚	辛	壬	癸
지지	卯	辰	午	未	午	未	酉	戌	子	丑

① 天干수장도 사용일간에서 시작하여 8번째가 양인이다.
② 비인은 양인과 충 되는 오행이며 그 작용은 양인과 같으나 힘은 양인보다 약하다 (예)甲에양인 卯이고 비인은 酉가 된다.)

<4> 괴 강 살
괴강살은 많은 대중을 제압하는 강열한 살

괴강은 吉운을 만나면 크게 발전하고 흉 운을 만나면 살인 가난 비명횡사 사고 등 대흉하게 된다. 특히 여자 사주 중에 괴 강이 둘 이상 있으면 남편을 극하기 때문에 과부되기 쉽다.(魁-으뜸 괴, 우두머리 괴, 罡-별이름 강=우두머리별 이니 최고라는 의미)

庚辰　　庚戌　　壬辰　　戊戌　　壬戌　　戊辰

<괴강은 일주에 있고 타주에 있으면 괴강에 포함 되지만 타주 괴강은 미약하다. 男-多 吉 女-多 凶하다>

庚辰괴강은 살생 庚戌괴강은 폭력 壬辰괴강은 실패 戊戌괴강은 고집이 세어 재앙을 당하기 쉽다. 괴 강 살 이 사주 중에 과다 하면 무관 법관 경찰 계통으로 나가면 吉하다 사주 중에 괴 강과 양인이 동주하면 큰 사건을 저질을 소지가 다분하다고 보면 된다.

<5> 백호살
피를 보는 살 호랑이에 물려 죽는 살로 요즘 백호는 자동차에 비유한다.

백호가 발동하면 교통사고가 발생한다.
일명 백호 대살 이라고도 한다.

甲辰　乙未　丙戌　丁丑　戊辰　壬戌　癸丑

<6> 역마살

　　　　역마살은 이동과 여행을 관장하는 살
　여행을 관장하는기운이 있는 살로써 사주에서 용신이 역마면 발전이 빠르고 평생을 바쁘게 움직이며 살게 된다. 역마와 도화가 동주하거나 가까이 있으면 여색문제로 많이 돌아다니다가 객사하기도 하고 역마가 충을 당하면 비명횡사 등 사고를 당하게 되고 년과 월의 역마가 충 하면 고향과 부모를 떠나 살게 된다.

寅午戌-申　　※일지를 삼합하여 맨 앞자를 충하는 것이 역마살
申子辰-寅　　　<寅申巳亥가 역마가 된다.>
巳酉丑-亥
亥卯未-巳

<7> 도화살

　　　　도화 살은 호색 풍류 등의 기질이 있다.
　풍류를 좋아하고 인물이 미인이 많다. 특히 여자는 도화가 있어야 아름답게 된다. 사주 중에 용신이 도화와 동주하면 가정을 잘 꾸려나가므로 부부 금슬이 좋고 도화가 흉신이면 바람기가 많아 음란하고 색정을 밝히게 되고 역마와 도화가 동주하면 바람나 도망가게 된다.

寅午戌-卯　　※도화살은 년지 일지 두 가지로 본다
巳酉丑-午
申子辰-酉　도화가 세운에서 冲을 하면 여색의 난을 겪는다.
亥卯未-子　특히 첩, 애인 문제로 충돌송사까지 발생한다.

> 도화살은 삼합해 첫 자 다음자가 도화살이 된다.
> 왕지인 子午卯酉가 도화가 되는 것이다.

<8> 고신살(외로운 살)

사주에 고신 살이 있으면 평생 고독하게 세월을 보내게 된다. <년지를 방합해서 끝자에서 전진 한 칸이 고신살>

<년지기준>
寅卯辰-巳
巳午未-申
申酉戌-亥
亥子丑-寅

<9> 과숙살(독수공방살)

사주 중에 과숙 살이 있으면 육친 간에 인연이 박하고 고독하다. 과숙살과 화개살이 두개 이상이면 평생을 독수공방하게 된다. (년지 방합한 다음 앞자 한칸 후진 한다.)

<년지기준>
寅卯辰-丑
巳午未-辰
申酉戌-未
亥子丑-戌

<10> 삼재팔란살

「삼재라고한다」 그해 년지를 삼합해서 첫 글자인 生支와 충 하는 해부터 내리 3년이 삼재다.
삼재는 **복삼재, 흉삼재**가 있다.
삼재팔란은 여러 가지 크고 많은 재앙을 말한다.
年支三合 해서 첫글자(生支와) 沖하는 해부터 내리 三年

삼재란? - 가난 전쟁 질병의 세 가지를 말하는데 팔 란은 여덟 가지 어려운 재앙을 말하는 것이다. 팔 란은 화난, 수난, 풍만, 인 난, 적난, 이난, 쟁 난, 무덕 난을 일컫는 말이다.

1.火難-화재로 고통 받음　　6.離難-이별해야하는 고통
2.水難-홍수로 인한 고통　　7.爭難-투쟁으로 말미암은 고통
3.風難-태풍으로의 재앙고통　8.德難-인덕이 없어 당하는 고통
4.人難-사람으로인 한 배신 등의 고통
5.賊難-도둑이 들어 손해 받는 고통
　입삼재(들어오는 삼재) **눌삼재**(묵는 삼재)**날삼재** (나가는 삼재)

삼재해의 주의 할 점
① 식구수를 늘리지 않는다.
② 늘어나는 식구가 삼재라면 흉하다.
③ 식구중 50%가 삼재라면 흉하다.

일간	甲	乙	丙	丁	戊	己	庚	辛	壬	癸
삼재	寅	卯	巳	午	戌	未	申	酉	亥	子
팔난	申	酉	亥	子	寅	卯	寅	卯	巳	午

<11> 화개살
　　　　화개살은 예능계통을 주관하는 살이다.
　사중 중에 화개살이 있으면 문장이나 예능 계통에 능하며 지혜롭다. 화개와 인수가 동주하면 학자가 되고 화개가 공망을 만나면 총명하며 집을 떠나 살게 된다. 또한 종교에 심취하기도 하는데 사주에 辰戌丑未가 많으면 불교에 귀의 하거나 스님이 되기도 한다.

<년지기준>
년지를 삼합해서 끝자가 화개 살이 된다.
寅午戌-戌
申子辰-辰
巳酉丑-丑
亥卯未-未

<12> 상문살 조객 살

상문 살은 년지 (조상궁) 앞으로 두 칸 전진 한다.
조객 살은 년지 (조상궁) 뒤로 두 칸 후진 한다.
상문 살 조객 살이 있으면 상가 병문안에 조심해야한다.

좋은 살 (吉神)

길신이란 주인공을 이롭게 하는 신으로 재앙을 막아주고 복을 불러드리는 작용을 한다.

<1> 天乙貴人(천을귀인) 일간을 기준으로 본다.

천을 귀인은 인덕이 있어 귀인의 도움을 받는 길신이다. 천을 귀인과 건 록이 동주 하면 장이 뛰어나고 용신과 동주하면 한평생 행복하게 살게 된다.
또한 천을 귀인이 길신과 합이 되면 입신양명 하며 형벌을 면하게 된다. 단 형 충파해나 공 망을 만나면 고단하고 힘든 일을 많이 만나게 된다.

일간	甲	乙	丙	丁	戊	己	庚	申	壬	癸
천을	丑	子	亥	酉	未	子	丑	午	巳	巳
귀인	未	申	酉	亥	丑	申	未	未	卯	卯

<2> 建祿(건록) 건록은 일간을 기준으로 하여 년월시다 본다.

일간	甲	乙	丙	丁	戊	己	庚	辛	壬	癸
건록	寅	卯	巳	午	巳	午	申	酉	亥	子
암록	亥	戌	申	未	申	未	巳	辰	寅	丑

건록은 월지나 일지에 있는 것이 효과가 크고 의지가 강하고 건강하며 식복이 많고 사업이 왕성하다.

<3> 암록(暗祿) 암록은 건 록과 六合이 되는 支로 구성된다.

암록은 보이지 않는 귀인이 도와주고 신의가호가 있으며 표면에 나타나는 것을 꺼려 하지만 의지와 뚝심이 강하다.

<4> 천덕귀인(天德貴人) 월지를 기준으로 한다.

천덕귀인은 하늘이 내려주는 복덕 살로써 흉함을 감하고 길함을 더욱 길하게 해주는 신이다.
사주 중에 천 덕 귀인이 있으면 어디서나 하늘이 지켜주고 보호해준다. 특히 일주에 있으면 배우자 덕을 많이 보게 된다

월 지	子	丑	寅	卯	辰	巳	午	未	申	酉	戌	亥
천덕귀인	己	庚	丁	申	壬	辛	亥	甲	癸	寅	丙	乙
월덕귀인	壬	庚	丙	申	壬	庚	丙	申	壬	庚	丙	甲

월덕귀인은 天地의 어머니가 주는 은덕 살로서 자비 온순하고 여자는 정조 관렴이 강하고 사주 중에 월덕귀인이 있으면 천지 어머니의 보살핌으로 흉살은 감해지고 길성은 더욱 길해진다.

천 덕 월 덕 귀인이 있는 사람은 바쁜 일을 만나도 매사가 순조로워지고 재난이 없어 일생을 평안하게 살게 된다. 특히 여자는 현모양처다.

<5> 금여(金輿) 일간과 연월일을 대조한다.

길성인 금여가 사주 중에 있으면 품행이 방정, 온후, 유순 하며 재치와 총명을 겸비함과 배우자 궁이 좋아 좋은 아내 좋은 남편을 만날 수 있다.

일간	甲	乙	丙	丁	戊	己	庚	辛	壬	癸
금여	辰	巳	未	申	未	申	戌	亥	丑	寅

<6> 문창 학당(文昌 學堂) 학문을 관장하는 길살

문창 학당이 사주 중에 있으면 학문에 남다른 재주가 있고 학식이 풍부 시험 운이 매우 좋아 학문으로 출세하게 된다.

그러나 합 충 공 망이 되면 작용을 하지 못한다.

일간	甲	乙	丙	丁	戊	己	庚	辛	壬	癸
문창	己	午	申	酉	申	酉	亥	子	寅	卯
학당	亥	午	寅	酉	寅	酉	巳	子	申	戌

제3장
포태법(胞胎法)
12운성(포태법)을 논하다

12운성이란 무엇인가?

<포태법 또는 12운성이라고도 한다.>

포태법이란 살아있는 생물이 일정한 법칙을 두고 생성소멸 하는 변화 과정을 구별한 것으로 일명 12운성법이라고도 한다.

포태법(12운성)은 사주를 감정할 때 해당 육친이 얼마나 강한자리에 앉아있나 보는 것인데 크게 비중을 차지하지 않는다하여 이것을 적용하지 않는 분들도 상당 수 있다고 한다. 그러나 명리 학을 배우면서 포태법을 빼놓을 수 없음으로 자세히 설명하여 학인들이 숙지 할 수 있었으면 한다.

포(胞)태(胎)양(養)생(生)욕(浴)대(帶)록(祿)왕(旺)쇠(衰)병(病)사(死)묘(墓) [암기하여야 활용할 수 있다. 어떤 분들은 생지부터 시작하다하여 **생 욕 대 록 왕 쇠 병 사 묘 절 태 양** 으로 암기하는 분들도 있으니 참고하기 바란다.]

포태법은 양 포태법과 음 포태법이 있는데 활용법은 양간일 경우 순행하고 음간일 때는 역행하면 된다.

<포태법 사용법>

　陽일간인 甲 丙 戊 庚 壬은 순행하고(지지 수장도 참조) 陰일간인 乙 丁 己 辛 癸는 역행한다.
(예) 甲일간 이라면 申에 포를 놓고 酉가 태가되고 술이 양이 되며 生은 亥가되는데 마지막 未에 이런 방법으로 시계방향으로 돌리는 것을 순행 이라고 하며 양간의 포태법 이라 하여 **양 포태법** 이라고 한다.
음 포태법은 陰 일간을 말하는데 乙일간 이라면 酉에 포를 놓고 申에 태가되고 未에 양이 되며 戌에 묘가 된다. 그러나 양 포태법은 사용하지만 음 포태법은 사용하지 않는다는 학설도 있으니 참고 하기 바란다.

<12운성 해설>

포(胞또는절) 포는 일명 絶(끊을 절)이라고 한다.
모든 만물이 무에서 유로 나타내는 형상이 된다. 아무런 형체도 없이 공허한 상태로 절망적으로 끝남이요 시작이 되는 출발점이 되기도 한다. 인사에 비유하면 한 세대가 끝나고 다음세대를 맞이하는 형상이다.

태(胎) 인사로 비유하자면 정자와 난자가 자궁 속에서 수태되는 과정이다. 강약으로 비유하면 강함도 약함도 아닌 중간 상태가 된다.

양(養) 모태에서 자라나는 아기의 형상으로 누구에게도 간섭을 받지 않고 안정과 보호 속에 자라고 있는 과정이다.
강약으로 비유하자면 강도약도 아닌 중간상태인 평균선이 된다.

생(生) 출생함을 뜻한다.
12운성에서 가장 길(吉)성으로 인사에 비유하면 사람이 세상에서 태어나서 희망을 가지고 출발하는 시점이다.

욕(沐浴) 목욕이라고도 한다.
사람이 출생과 동시에 목욕하고 닦고 입히고 하는 것과 같아 때로는 괴로움과 고통 슬픔 등 곡절을 뜻하기도 한다.

대(冠帶) 관대라고도 한다.
대는 자라면서 시행착오도 거치고 성장해서 청년기에 왔음으로 관대를 두르고 성인식을 하는 것이기 때문에 지금부터 책임과 의무가 막중하며 자존심도 강해져 무엇인가 하고자 하는 의욕이 있게 된다.

록(祿) 건 록 또는 임관이라도 한다.
성장하여 부모의 슬하를 완전히 떠나 자기 직장을 갖고 녹을 받아 자기의 책임을 다하는 청년기로써 사회로 당당하게 진출하는 시기이다.

왕(旺) 성장이 완성되는 시기로 생의 최고의 시기이다. 산전수전 다 겪고 세상물정을 잘 알고 능력 있는 사람으로 마음과 몸이 바르게 성장 최고의 위치에 서 있는 사람이라고 생각하면 된다.

쇠(衰) 전성기를 지나 육체적으로나 정신적으로 쇠약해지기 시작한다. 최고의 위치에서 후퇴하여 기운이 쇠진해지니 의욕과 용기가 저하되니 재산도 줄고 능력도 줄게 되어 병들기 전 쇠약해지는 형상이 된다.

병(病) 늙으면 병드는 것과 같아 만사가 정상적이지 못하고 감성적이고 비판적이다. 기혈의 순환도 안 되고 모든 생체의 흐름도 원만치 못해 병들어 죽을 때를 기다리는 형상이 되어 때로는 판단력이 흐려져 언행의 일치가 않 되고 실수하는 수도 있다.

사(死) 죽음을 말하듯이 모든 것이 정지 종결된 상태이다. 물욕이 없어지고 꼼짝달싹 못하고 폐물이 된 것과 같이 일종의 종말이다.

묘(墓) 고(庫)라고도 하며 일명 葬(장사장=묘 속에 들어가니 장사지내는 것이다) 한다. 종결된 상태의 마지막 정리로 관속으로 들어가고 무덤 속으로 들어가니 가장 나쁜 것이 되나 재물로 비유하면 창고로 들어가니 재물을 고 히 보관 예치하는 형상이 된다.

그러므로 묘 고에 재물이 앉아있으면 흉(凶)함보다 吉함 쪽으로 감정하고 또한 짠돌이 라고도 한다. 그러나 묘 고가 충을 당하면 창고 문이 열려서 돈 나가기 바쁘다고 한다.

<12운성 강약>

(1) 사왕지(四旺地) : 기를 얻으면 강해진다.

1. 제왕(帝旺)=인간생활 중 정력이 가장 왕성할 때를 말한다.
2. 건록(建祿)=자라서 혈기가 왕성하고 사회활동의 중추기 임,
3. 관대(冠帶)=15세 된 성인으로써 관직에 응시하는 시기 임,
4. 목욕(沐浴)=출생 후 머리감고 목욕하고 시작하는 과정으로 싹은 아직 무르지만 왕성하다.
   <위 사조(四組)를 제일 강하게 본다.>

(2) 사평지(四平地) : 기를 설기하여 약간 약해진다.

1. 장생(長生)=인간이 세상에 태어난 기쁨의 시기이다.
2. 양(養)=어머니의 몸에서 영양을 섭취하는 때로 생기가 있다.
3. 쇠(衰)=왕성한시기를 지나 쇠약해지는 시기를 의미한다.
4. 병(病)=늙어서 병들고 원기가 쇠약해지는 시기를 말한다.
   <위 사조(四組)는 보통으로 본다.>

(3) 사쇠지 (四衰地) : 상충 하면 다시 기가 발생한다.

1. 절(絶) = 절망적인시기 앞뒤도 없는 영혼의 개입직전이다.
2. 묘(墓) = 죽은 후 묘지에 들어간 때로 편안한시기다.
3. 사(死) = 병들어 노병으로 죽은 시기이다.
4. 태(胎) = 모친의 몸속에서 한생명이 다시 이어지는 시기다.

   <위 사조(四組)가 가장 약하다고 할 수 있다.>

제4장
四柱强弱論
-사주강약 구별하기-

 사주팔자(四柱八字)를 뽑아 구성해 놓고 길흉화복을 논 하려면 사주가 강한 사주인지 약한 사주인지 구별 해야 만 정확하게 감정 할 수가 있다.
사주의체(四柱의體)가 신강(身强)인지 신약(身弱)인지 구별 해내지 못한다면 사주의 핵심이요 꽃이라고 말하는 용 신(用神)을 찾아 낼 수 없게 된다. 용신이란 다음 용신 편에 자세히 설명 하겠지만 나에게 꼭 필요한 신(육신) 을 말한다.

 신강 신약을 구별하는 방법은 사주의 주인인 일주(日柱)를 중심으로 일주의 기를 도와주는 오행이 많아 일주 가 왕(旺) 해지면 신강(身强) 또는 신왕(身旺)사주라 하고 반대로 일주의 기를 설기시키거나 극하고 또는 극을 받 는 오행이 많아 일주가 허약해지면 신약(身弱)사주라고 한다.

 신강 신약을 구분하는 방법으로 사주 감정 법 용어로 득령(得令) 득지(得地) 득세(得勢) 실령(失令) 실지(失地) 실세 (失勢)라는 용어가 등장하게 되는데 이 용어는 사주감정 기본 용어가 되니 참고 하여 이해하기 바란다.

1. 득령(得令)이란 무엇인가?

　사주 네 기둥 중 월주의 월지(月支)를 월령 이라고 하는데 월령에 비견 겁재 편인 정인 등 나(일간)를 도와주는 오행이 월지에 앉아 있으면 일간(日干)의 기(氣)를 얻었다고 하여 득령(得令)했다고 한다.

2. 득지(得地)란 무엇인가?

　사주 네 기둥 중 일주인 일지(日支)가 비견 겁재 정인 편인 등 나(일간)를 도와주는 오행이 앉아 있을 때 일간의 기를 얻었다고 하여 득지라고 한다.

3. 득세(得勢)란 무엇인가?

일간(日干)을 중심으로 네 기둥 중 월일의 지지 외에 다른 기둥(년주 시주)의 간지에 나를 도와주는 비견겁재정인편인 등이 앉아 있으면 세력을 얻었다하여 득세라고 한다. 득세라고 말할 수 있는 것은 일반적으로 3자 이상의 도와주는 육신이 있을 때 득세 했다고 말한다.

4. 실령 실지 실세란 무엇인가?

　득령 득지 득세 등 즉 비견겁재 정인 편인 외에 다른 오행이 그 자리에 앉아 있는 것 다시 말하자면 식상 관성 재성 등이 있어 나(일간)의 기운을 빼는 것을 실령 실지 실세 라고 말한다.

5. 록근(祿根) 일간이 자신의 건록에 해당하는 지지를 만난 것을 록 근 이라고 말한다.

6. 착근(着根) 일간과 동일한 오행을 일지에 얻었을 때를 착근이라고 말한다.

7. 통근(通根) 지장간 에서 일주와 같은 오행이 중기에 있는 것을 통근이라고 말한다.

이렇게 하여 득령 득지 득세와 실령 실지 실세 등의 용어와 뜻은 이해가 되었지만 어떠한 비례로 하여 신강 신약을 구분 하느냐에 대해서는 아리송하게 된다. 실제 사주팔자를 뽑아 놓고 실례를 들어가면서 공부 하여야 이해가 바르겠지만 기본적인 상식을 알고 난 후에 실제 감정을 해 보도록 하자.

강약조견표   득 O 실 X

위치 판정	최강	중강	소강	약화 위강	강화 위약	소약	중약	최약
월지	O	O	O	×	O	×	×	×
일지	O	×	O	O	×	×	O	×
세력	O	O	×	O	×	O	×	×

득령 득지 득세는 왕 상 휴 수 사 법으로는 왕상에 해당된다. 강약을 구분 할 때 월지가 매우 중요하다고 하지만 득 령 만 하고 실지 실세하면 신약 사주로 보게 되는 것이다. 신강신약을 구분할 때는 태강(太强)한지 강한지 태약(太弱)한지 약한지 등만 크게 구분해도 감정에 무리가 없다.

1.

2. 格局과 用神 (격국과 용신)

1. 용신이란 무엇인가?

　용신이란 사주에서 그 사람의 길흉화복을 알아내는데 가장 핵심이 되는 중요한 오행이라고 할 수 있다. 용신은 일주(나)를 위한 오행이므로 일주를 떠나서는 존재할 수 없고 용신이 없는 사주는 없으며 이 용신은 사주구성에 따라 모두 다르며 사주라는 것은 오행의 조화 여하에 따라 길흉이 작용을 달리하는 것이므로 오행이 부족해도 아니 되고 너무 많아도 안 되는 것이다.
따라서 오행의 조화가 잘 이루어지면 길운이 오게 되고 조화가 잘 이루어 지지 않으면 흉 운이 오게 되는 것이다. 그러므로 용신과 격국은 그 조화 여부를 분석 하는 중요한 열쇠가 되는 것이다.

　용신은 일주. 격국과 더불어 삼위일체 이며 서로가 밀접한 관계를 유지 하지만 그 중에서 가장 중요한 것이 용신이다. 일주와 격 국과 용신은 주역에서는 체용(體用)관계가 되고 사주에서는 일주와 격 국이 몸 즉 신체라고 한다면 용신은 정신(精神)에 해당 되고 교통수단에 비유한다면 일주와 격 국은 자동차가 되고 용신은 운전수가 된다. 자동차가 아무리 좋아도 운전수의 실력이 유능하지 못하면 그 차를 운행할 수가 없다. 그러므로 용신의 역할이 중요한 것이기 때문에 용신을 정확히 잡아야 사주감정을 정확하게 할 수 있다.

2. 용신의 종류와 정하는 방법은 어떻게 해야 하나?

용신 법의 종류
① 억 부 용 신 법 (抑扶 用神法)
② 조 후 용 신 법 (調候 用神法)
③ 통 관 용 신 법 (通關 用神法)
④ 병 약 용 신 법 (病藥 用神法)
⑤ 전 왕 용 신 법 (專旺 用神法)

<1> 억 부 용 신 법

 이상과 같이 용신 법은 다양하지만 가장 강한 자는 눌러주고 약한 자는 부축해 준다는 뜻으로 사주를 구성하여 일간을 대비 강약을 구별한 후 강하면 덜어주고(눌러주고) 약하면 도와주어 사주의 중화를 이루게 하는 방법이며 전체 사주의 70% 정도가 억부용신법을 적용하게 된다고 한다.
일주가 약하면 도와주는 인성과 비겁이 용신이 되고 일주가 강하면 억제하거나 설기시켜주는 식상 관살재성이 용신이 된다.

<약자용신 정하는 법>
 일간이 약하여 신약사주라면 인수 용신 법으로 생 조해주는 것이 좋고 비견 겁재로 부축해 줌이 좋다.

1. 강자용신 정하는 법

　일간이 강한 자는 억제 하여야 한다는 것이니 강한 자를 억제하는 자가 용신이 된다. 그러나 강한 자는 무조건 눌러 주는 것 보다는 설기시킴이 더 효과적일 수도 있기 때문에 사주구성을 자세히 살펴야한다. 그러하므로 예를 들어 자세히 설명하기로 한다.
예를 들어 木이 강하다고 하면 그 강목을 억제하는 金이 바로 용신이 되는데 그 억제하는 금이 너무 강하면 과도억제로 소멸하여 사물을 죽이게 되므로 그 이용가치를 상실시키게 된다. 그런 때에는 지나치게 억제 하는 것 보다는 金을 억제 하여야 하므로 火로 용신하면 순리적으로 木의 기운을 설기시키면서 火의 강한기운을 억제함이 아름답기 때문이라 또한 강한 목의 경우 金이 미약한 경우 木을 제어할 힘이 모자람으로 金을 생조(生助)해야 하는 것이니 土를 용신하여 生金하면서 木剋土 하면 되는 것이다.
木이 太强(태강) 한 경우에는 金으로 극목하는 것 보다 오히려 설기시킴으로 더 효과적인 것이 되어 火가 용신이 되지만 火가 너무 강하면 오히려 木이 타버려 사용가치가 상실 되므로 火를 약간 제어해야 하는 것이니 水용신이 되기도 하지만 火의 기운이 부족하여 강한 목을 설기 시킬 힘이 미달 될 때에는 土를 용하여 木의 힘을 빼는 것도 좋다.

이상 설명한 바와 같이 사주의 구성을 자세히 살펴 용신을 잡아야 사주를 정확 하게 감정 할 수 있음으로 많은 사주를 임상 하여야 비로소 이해할 수 있게 된다.

신강 한 사주

< 연습문제 1 >

1996년12월11일19시30분				
乾命	丙子	辛丑	辛酉	丁酉
수	5	15	25	35	45	55	65
대운	壬寅	癸卯	甲辰	乙巳	丙午	丁未	戊申

0	木	0
2	火	1
1	土	5
4	金	1
1	水	1

< 연습문제 2 >

1948년 5월 9일戌시생				
乾命	戊子	戊午	辛未	戊戌
수	7	17	27	37	47	57	67
대운	己未	庚申	辛酉	壬戌	癸亥	甲子	乙丑

<좌에서 우로 기록한사주입니다.>

　1.의 명조는 丑월의 辛금이 4금1토로 신강한 명조로 구성 되어있다. 이런 경우 印比는 흉신이고 食財官을 用해야 하는데 時上 丁화 偏官은 금다화식(金多火熄)으로 不用하고 財는 無財로 쓸 수 없으니 年支 子수를 用神해야 하며 子수는 유력하므로 힘 있는 용신이 될 수 있어 기쁘다.

　2.의 명조는 5土1金으로 신강한 명조인데 子午가 상충하여 무력하므로 용신의 가치를 상실한 상태로 용신의 역할이 안 된다. 위 명조의 주인공은 서울 모처에서 역술 업을 하고 있는 사람이다.

<연습문제 3 >   <연습문제 4 >

坤命	1955년5월8일진시생			
	乙	壬	己	戊
	未	午	未	辰
수	4	14	24	34	44	54	64
대운	癸未	甲申	乙酉	丙戌	丁亥	戊子	己丑

1	木	1
1	火	0
5	土	2
0	金	1
1	水	4

乾命	1972년7월21일6시생			
	壬	戊	壬	癸
	子	申	辰	卯
수	3	13	23	33	43	53	63
대운	己酉	庚戌	辛亥	壬子	癸丑	甲寅	乙卯

3.의 명조는 午월의 己토가 5土로 태강 조열한 명조이다. 肩劫이 태왕 하므로 官을 써야 하는데 乙목 편관이 未도 위에 앉아 있어 무력 해 보인다. 다행이 월간 壬수가 있어 목마른 갈증은 해소 되지만 金이 없어 힘이 없고 火土위에 고립되어 生木 불가한 상태이기 때문에 用官은 하되 힘 있는 용신은 될 수 없다.

4.의 명조는 申월의 壬수가 年時 干에 壬癸 水가 투간 되고 年月日支가 申子辰 삼합 水 局 되어 태왕 하므로 종격이 될 듯은 하지만 월간 戊土가 있어 不從하고 신강사주로 보아야 한다. 이런 경우 관을 쓰기보다 식상을 써서 설기시킴이 좋은데 설기구인 시지 묘목이 왕수를 감당하기 어렵게 되어있는 구조지만 상관을 써야한다.

신약한 사주

<연습문제 1>

坤命수대운	1978년10월3일酉시생 女
	戊 辛 戊 辛
	午 酉 戌 酉
	8 18 28 38 48 58 68
	庚 己 戊 丁 丙 乙 甲 癸
	申 未 午 巳 辰 卯 寅 丑

<연습문제 2>

	0	木	0
	1	火	2
	3	土	4
	4	金	1
	0	水	1

乾命수대운	1946년11월6일술시생
	丙 己 丁 庚
	戌 亥 未 戌
	3 13 23 33 43 53 63
	庚 辛 壬 癸 甲 乙 丙
	子 丑 寅 卯 辰 巳 午

 1.의 명조는 戊戌일주가 辛酉월 辛酉시를 만나니 年柱의 戊午가 扶助하나 상관이 태강하여 신약한 명조가 되었다. 식상이 왕하면 인성으로 제지함이 좋은데 年支 午화가있으나 고립된 상태라서 힘이 없지만 용신으로 써야하는 명조이다.

 2.의 명조는 亥월의 丁화가 4土가 설기 시키니 신약 사주가 되었다. 인수가 없어 식상관을 극제 하지 못함이 아쉽다. 해중 甲목을 용신 하면 된다고 들 하나 일단 암장된 용신은 무력 하다. 그러므로 실제 간명할 때는 木火는 길하고 金水는 흉 하다로 보면 된다.

<연습문제 3>

1955년8월15일寅시(9/30)				
坤命	乙未	乙酉	甲午	丙寅
수	3	13	23	33	43	53	63
대운	乙亥	甲戌	癸酉	壬申	辛未	庚午	己巳

4	木	2
2	火	0
1	土	0
1	金	4
0	水	2

<연습문제 4>

1963년6월20일酉시생				
乾命	癸卯	庚申	甲申	癸酉
수	1	11	21	31	41	51	61
대운	己未	戊午	丁巳	丙辰	乙卯	甲寅	癸丑

3.의 명조는 酉월 甲목이 4木으로 신강 해보이지만 신약사주로 분류되는 명조이다. 일지에 午화 상관을 놓아 寅午 火局을 이루고 있으면서 인수까지 없으므로 천간에 투간 된 甲乙목이 根이 없어 신약이 된 것이다.

4.의 명조는 2水가 투출되어 4금이 제목 하므로 신약사주로 구분 되지만 인수가 통관 지신이 되어 관인 상생 된 명조이기 때문에 길명조로 구분 된다.
이와 같이 양신이 서로 싸울 때 다른 오행이 가운데서 화해시키는 것을 통기 또는 통관지신이라 한다.

<2> 조후 용신 법(調候 用神 法)

사주를 구성 해놓고 보면 추운 계절에 태어나고 한습한 기운으로 구성된 사주도 있고 더운 계절에 태어나고 난조(燥熱)한 오행으로 구성된 사주도 있게 되는데 계절에 따라 한(寒)난(暖)조(燥)습(濕)으로 구별 할 수가 있습니다. 지나치게 덥고 건조하면 차갑고 습한 기운으로 중화 시켜야하고 또한 지나치게 춥고 습한 기운이면 덥고 건조한 기운으로 중화 시켜야 한다.

이런 사주에 적용하는 용신을 조후용신이라고 하는데 냉습한 사주에는 木 火 용신으로 따뜻하게 해주어야하고 건조한 사주는 한습 한 오행인 金 水로 식혀 주어야 한다.

<연습문제 1>

乾命	1969년11월8일亥시생			
	己	丙	乙	丁
	酉	子	丑	亥
수	3	13	23	33	43	53	63
대운		乙亥	甲戌	癸酉	壬申	辛未	庚午	己巳

<연습문제 2>

			1955년4월11일오시생			
1	木	1				
2	火	3	坤命	乙	辛	癸	戊
2	土	2		未	巳	巳	午
1	金	1	수	2	12	22	32	42	52	62
2	水	1	대운	壬午	癸未	甲申	乙酉	丙戌	丁亥	戊子

1.의 사주는 子月 乙목이 亥시를 만나고 일지에 丑토까지 놓아 亥子丑 水국이 형성되어 月時干의 丙丁화가 있어도 차가운 명조이다. 金水는 忌神이요. 木火가 조후해야 좋아지는 구조이다. 다행인 것은 40대 이후 火운으로 발복하는 사주입니다.

2.의 사주는 巳월의 癸수가 午시를 만나고 巳午未 火국이 형성되어 있고 시간 戊토와 戊癸合 火氣格이 되어 매우 조열하므로 금수로 조후하면 기쁘다.

<연습문제 3>

1976년12월8일18/30-19시					0	木	2
乾命	丙	辛	癸	辛	1	火	3
	辰	丑	未	酉	3	土	2
수대운	7	17	27	37	47	57	67
	庚子	己亥	戊戌	丁酉	丙申	乙未	甲午
					3	金	1
					1	水	0

<연습문제 4>

1956년5월13일寅시생							
乾命	丙	甲	己	丙			
	申	午	未	寅			
수대운	5	15	25	35	45	55	65
	乙未	丙申	丁酉	戊戌	己亥	庚子	辛丑

3. 이사주의 경우는 丑월의 癸수가 辛酉시를 만나 음습한 구조라서 木火로 조후해야하는 구조이다. 초 중년 운은 金水 운이나 말년 운이 火운으로 운행되어 기쁘다.

4.의 명조는 午월의 己토가 丙寅시를 만나고 일지에 未토까지 놓아 매우 조열한데 대운이 金水 희용신 운으로 흘러 무난한 팔자로 살게 됩니다.

<연습문제 5>

1961년12월9일06시생				
坤命	辛丑	辛丑	壬子	癸卯
수	7	17	27	37	47	57	67
대운		壬寅	癸卯	甲辰	乙巳	丙午	丁未	戊申

1	木	2
0	火	2
2	土	2
2	金	1
3	水	1

<연습문제 6>

1971년윤5월1일10시30분				
乾命	辛亥	甲午	己卯	己巳
수	6	16	26	36	46	56	66
대운	癸巳	壬辰	辛卯	庚寅	己丑	戊子	丁亥

　　5.의 명조는 사주 구성이 한 습한 구조인 사주로 丑월의 壬수가 癸卯시를 만났으나 한습한 구조이군요.
土生金 金生水로 통관되어 살아가는데 별 문제 없지만 살아가면서 막히고 부족한 부분이 많습니다. 이런 경우 木火가 와서 따뜻하게 조후해 주어야 합니다. 대운이 木火로 흘러 다행입니다.

　　6.의 명조는 午월의 己토가 巳시를 만나고 사주에 木火의 기운이 많아 조열한 명조의 팔자입니다. 36대운까지 木 火 운이라 대단히 불리합니다. 40대 중반인 수운에 발복합니다.

<3> 통관 용신 법(通關 用神 法)

사주를 구성해 놓고 보면 사주 중에 왕성한 두 오행이 대립할 때 그 양대 세력을 중간에서 소통시키는 오행을 용신으로 삼는 것을 통관 용신 이라고 한다.

金木이 대립하고 있는 사주라면 水로서 金生水 水生木 으로 金의 기운을 설기시키고 木으로 유통시켜 오행의 중화를 시켜주고 水火가 대립할 때는 木으로 통관 유통 시켜주는 것이다.

<연습문제 1>

乾命	乙	乙	辛	辛
	未	酉	巳	卯
수	3	13	23	33	43	53	63
대운	甲申	癸未	壬午	辛巳	庚辰	己卯	戊寅

1955년08월02일卯시생

	3	木	3
	1	火	1
	1	土	0
	3	金	3
	0	水	1

<연습문제 2>

1951년11월12일卯시생

乾命	辛	庚	甲	丁
	卯	子	申	卯
수	1	11	21	31	41	51	61
대운	己亥	戊戌	丁酉	丙申	乙未	甲午	癸巳

1.의 명조는 陰八通사주에 金木 相戰 하는 사주입니다. 이런 경우는 水가 원국에 있어 통기 시키던지 아니면 운에서 들어와 통관시키면 발복합니다. 그러나 대운에서는 보이지 않는 군요. 세운에서나 만나야 하겠습니다. 성격이 편협 되어 오기로 뭉쳐있는 형상으로 너그럽지 못합니다.

2.의 명조도 金 木이 상전하는 사주인데 子월생 이라서 子수가 통관 지신이 됩니다. 다만 凍 水라는 점이 약점 이므로 木火대운에 발복하게 됩니다.

<4> 병약 용신 법(病藥 用神 法)

사주 중 일간을 극하는 오행이 너무 많거나 한 오행이 지나치게 많을 경우 과유불급이라 하여 넘치면 병이 되는 것이다. 이 병을 제거 시켜야만 튼튼하게 자신의 역할을 해낼 수가 있기 때문에 이런 때 약이 되는 역할을 하는 오행을 용신으로 삼는 것을 병약 용신이라고 한다.

<연습문제 1>

1955년12월23일未시생			
坤命	乙未	己丑	辛丑	乙未
수	1	11	21	31	41	51	61
대운	庚寅	辛卯	壬辰	癸巳	甲午	乙未	丙申

2	木	4
0	火	1
5	土	3
1	金	0
0	水	1

<연습문제 2>

1965년1월18일 丑시생			
坤命	乙巳	戊寅	甲辰	乙丑
수	5	15	25	35	45	55	65
대운	己卯	庚辰	辛巳	壬午	癸未	甲申	乙酉

1.의 명조는 5土가 있어 병이 되지만 乙목이 未토 고지에 앉아 약신인 木이 왕하여 약발이 잘 받는데 다만 추워서 火운에 발복하게 된다.

2.의 경우는 4목으로 木이 병인데 사주에 약신인 金이 없군요. 金운에 발복합니다. 그러나 寅월의 甲목이라서 더 커야 하므로 말년 金운이 와서 아주 좋은 경우지만 木왕절의 잡목이라 금으로 전지해주어야 좋습니다.

<연습문제 3>

1968년10월26일辰시생
坤命	戊	甲	己	戊
	申	子	丑	辰
수	3	13	23	33	43	53	63
대운	乙亥	甲戌	癸酉	壬申	辛未	庚午	己巳

1	木	0
0	火	1
5	土	5
1	金	1
1	水	1

<연습문제 4>

1948년51월9일戌시생
乾命	戊	戊	辛	戊
	子	午	未	戌
수	7	17	27	37	47	57	67
대운	己未	庚申	辛酉	壬戌	癸亥	甲子	乙丑

3.의 경우 5토에 木이 약신 인데 甲己합으로 묶여 약신 역할 못하므로 유병 무약 이라고 한다.

4.의 경우 5土로 약이 木이 되는데 유병 무약 이므로 대운에서 木이 오면 발복한다. 조후까지 보아야 할 사주입니다.

<연습문제5>

1983년6월24일戌시·생
坤命	癸	己	壬	庚
	亥	未	戌	戌
수	2	12	22	32	42	52	62
대운	庚辛	辛酉	戊戌	己亥	庚子	申丑	壬寅

0	木	0
0	火	1
4	土	5
1	金	1
3	水	1

<연습문제6>

1976년12월12일23/30분생
坤命	丙	辛	丁	壬
	辰	丑	亥	子
수	8	18	28	38	48	58	68
대운	庚子	己亥	戊戌	丁酉	丙申	乙未	甲午

5.의 경우는 壬수일간이 4土로 둘러 싸여 있어 3금 수가 있음에도 관살 혼잡으로 신약한 명조입니다. 土가 병인데 약이 없습니다. 다행인 것은 대운이 金水 운으로 흘러서 자기 몫은 하겠습니다. 그러나 관살혼잡 되어 남편과의 인연이 적습니다.

- 107 -

6.의 경우는 丁화 일간이 丑월 子시에 나고 일지에 亥수를 놓아 亥子丑 水국이 형성되어 신약한 명조인데 火土가 있어 從殺 不可로 신허(身虛)한 명조입니다.

<5> 전왕용신법(專旺 用神 法)

사주의 오행이 어느 한쪽으로 편중되어 그 세력이 너무 강해 억제가 곤란 할 때 그 세력을 따라서 순응하는 것이 용신이 되는 것입니다. 이런 격을 從格 化格 外格 이라고 한다.

<종격의 구성과 응용>

從이라 함은 일주 無根으로 의지할 곳이 한군데도 없어 柱中의 旺者를 따라간다는 것인데 그 조건은 主中에 印綬나 肩劫이 없어야 하고 혹 있다하여도 被傷 되어 일간에 도움이 되지못할 때에는 從 하게 됩니다. 다만 陰일주는 從을 잘하지만 陽 일주는 작은 의지처가 있어도 從을 잘 하지 안는다 고 합니다. 여기서 성격을 論(말할논)함에 있어서도 종하는 곳 을 위주로 추명함이 원칙이지만 일주 자체를 무시 할 수 없으니 그것은 선천적인 성격의 중요함이라고 생각하면 됩니다.
종을 구체적으로 구분하면 식상을 좇아갈 경우는 終兒格 財星으로 종하면 從財格 官殺로 從하면 從殺格이라고 합니다. 자세한 것은 다음 장에서 다시설명 할 것입니다.

종을 하는데도 지지 得 局과 아울러 천간에 透干 되어야 貴命인데 만약 지지가 흩어지거나 천간에 兩位(두개나 타남)가 되면 혼잡에 파격이라 배는 하나인데 사공은 둘인 것과 같아 불리로 봅니다.

<연습문제1.종살격>

1976년윤8월15일未시				
乾命	丙辰	戊戌	癸巳	己未
수대운	1 己亥	11 庚子	21 辛丑	31 壬寅	41 癸卯	51 甲辰	61 乙巳

0	木	3
2	火	0
5	土	1
0	金	4
1	水	0

<연습문제2.종살격>

1945년8월8일辰시생				
乾命	乙酉	乙酉	乙酉	庚辰
수대운	2 甲申	12 癸未	22 壬午	32 辛巳	42 庚辰	52 己卯	62 戊寅

1.의 경우 癸수가 의지할 곳은 한 군데도 없고 火土一色으로 나를 극하니 할 수 없이 從 해야 하는 팔자입니다. 일명 從殺格 사주라고 합니다. <여명에서 종살 하면 귀명이라고 함>이런 경우 대체적으로 관직에 가면 좋고 살아가는 데는 큰 문제없지만 운이 불길할 때 에는 몸이 많이 아프거나 혹 단명하기도 합니다. 본명이 己丑년에 수술수가 있으니 조심하라고 했는데 역시나 수술을 했다고 합니다.<국립공원 관리공단 근무. 丑戌未 三形인데 身虛하니 몸 수술 수로 봄>

2.의 경우는 乙목 일주가 金왕절인 酉월생으로 지지가 전 金局을 이루고 庚辰시를 만나니 辰酉金에 庚금이 투간 되어 殺旺하므로 아름다운데 乙庚이 합까지 하여 금상첨화로 구성된 從殺格 사주입니다.

여기서 주의 깊게 살펴볼 점은 乙목이 있어 乙庚合化로 방해가 될 듯하지만 앉은자리가 殺地로 死木이라 무방하며 이런 경우 土金 운에 길 하고 木火 운에 흉하게 됩니다. 대운을 살펴보자면 甲申대운에 金이 喜神되어 부유한 가정에서 성장했으나 甲木 형제가 절지라서 다 큰 형제를 잃었고 癸未운에 잔병이 많더니<金이녹슬다. 金은 癸수가 이슬로 녹슬고 未土가 木의 庫로 불리함> 壬午 대운은 金희신을 극하여 불리하였고 辛巳 대운에는 巳酉金局을 이루어 승진되었고 庚辰 대운까지는 승승장구 할 것입니다.

<연습문제3. 종아격>

1981년12월12일酉시생				
乾命	辛酉	辛丑	己丑	癸酉
수	10	20	30	40	50	60	70
대운	庚子	己亥	戊戌	丁酉	丙申	乙未	甲午

0	木	1
0	火	0
3	土	3
4	金	2
1	水	2

<연습문제4. 종강격>

1980년11월11일辰시				
乾命	庚申	戊子	甲子	戊辰
수	1	11	21	31	41	51	61
대운	己丑	庚寅	辛卯	壬辰	癸巳	甲午	乙未

3.의 경우는 丑월의 己土가 丑일을 만나서 중강으로 보기 쉬우나 연시지 酉金과 酉丑합 金局이 되고 연월간에 신금이 투출되어 丑土는 변하여 인수가 아니라 식신으로 化 해서 최약 하므로 식신을 따라 종합니다. 金水운에 발복하고 木운은 金용신이 絶하고 火운은 受制되며 從에도 방해되고 土역시 종에 방해되어 흉으로 봅니다.

이런 명조는 교육계. 육영 사업.에 종사하면 대성 합니다. 본 명조의 주인공도 예능교사로 입신 하였다고 합니다. 이런 명조를 해설 하자면 흙 전답에 金국이라 밭갈이 하다 금맥을 발견하여 금은보화를 개발하니 의외의 인물이요 신의가 대단하여 사귀기는 힘드나 사귀면 영구히 변함이 없고 인정이 많으며 청격(淸格)의 팔자로 탐재하면 탁격(濁格)이 되어 세상 사람들의 지탄을 받게 되는 명조입니다.

특별격(特別格):화기격(化氣格)

① 甲己合化土格(갑기합화토격)

甲일간이 己를 만나거나 己일간이 甲을 만나 干合을 하고 월지를 포함해서 辰戌丑未가 많은 때 희용신은 火土 기구신은 水木이 됩니다.

1918년6월19일辰시						
乾命	戊午	己未	甲戌	戊辰			
수	4	14	24	34	44	54	64
대운	庚申	辛酉	壬戌	癸亥	甲子	乙丑	丙寅

다만 化된 오행 土를 극하는 木이 원국에 없어야함,
이 사주의 경우 甲목 일주가 월간 己토를 만나 간합 하고 월지가 未토이면서 일시지에 戌辰을 만나니 化氣格이 성립 되었습니다. 이와 같은 사주를 강약으로 보아 간명한다면 실수로 오판할 수 있습니다.

② 乙庚合化金格(을경합화금격)

乙 일간이 庚을 만나거나 庚 일간이 乙을 만나 干合을 하고 월지를 포함해서 申酉 巳酉丑 申酉戌 방합으로 金局이 될 때 희용신 金土水 기신 火木이됩니다. 아래의 사주는 乙庚이 간합하고 월지가 酉月이면서 巳酉丑 삼합 되어 金局을 이루므로 化氣格이 성립되었습니다.

1925년8월16일巳시						
坤命	乙丑	乙酉	庚申	辛巳			
수	8	18	28	38	48	58	68
대운	丙戌	丁亥	戊子	己丑	庚寅	辛卯	壬辰

土金水는 길하고 木火는 흉합니다.
본 명조는 여자의 사주로 장사를 하여 많은 재산을 모았는데 寅목대운에 화재로 크

게 손해를 보았다고 합니다.<己丑대운은 희신인 土운으로 치부 했을 것이고 寅목운은 群劫爭財로 손재수가 있었을 것인데 寅巳申 삼형까지 하여 화재로 구설수에 오를 수 있었다고 보면 됩니다.>

③ 丙辛合化水格(병신합화수격)

丙일간이 辛을 만나거나 辛일간이 丙을 만나 干合을 하고 월지를 포함해서 亥子 申子辰 삼합 亥子丑 방합으로 水局이 될 때 희용신 水金木 기신 土火가됩니다. 이 사주의 경우 丙辛이 간합하고 월지가 申월이며 申子합이 되고 年柱에 癸亥가 자리하여 化氣格이 싱립 되있습니다. 水金은 희신이고 木까지도 좋게 보는데 甲寅목은 흉하게 보기도 합니다.<甲庚충 寅申충을 변화로 보아 길흉을 가려야 함>이런 경우 오판하여 金水태왕으로 한습하니 木火가 좋다고 감정하면 큰 실수를 범하게 됩니다.

1923년 7월20일卯시						
坤命	癸亥	庚申	丙子	辛卯		
수대운	3 辛酉	13 壬戌	23 癸亥	33 甲子	43 乙丑	53 丙寅	63 丁卯

④ 丁壬合化木格(정임합화목격)

丁일간이 壬을 만나거나 壬일간이 丁을 만나 干合을 하고 월지를 포함해서 寅卯 亥卯未 삼합 寅卯辰 방합으로 木局을 이루면면 화기격이 성립됩니다.
희용신 木水火 기신 金土가 됩니다.

1938년2월15일卯시						
乾命	戊寅	乙卯	丁未	壬寅		
수	7	17	27	37	47	57	67
대운	丙辰	丁巳	戊午	己未	庚申	辛酉	壬戌

이 사주는 卯월의 丁화가 壬寅시를 만나고 일지에 未토를 놓아 卯未로 合木되고 있으면서 丁壬합하였으므로 화기격이 성립 되었습니다. 이런 경우 원국에 金이있으면 파격입니다.

⑤ 戊癸合化火格(무계합화화격)

戊 일간이 癸를 만나거나 癸 일간이 戊를 만나 干合하고 월지를 포함해서 巳午 寅午戌 삼합 巳午未 방합으로 火局이 될 때 희용신 火木土 기신 水金이됩니다. 이 사주의 경우 巳월의 戊토가 癸亥시를 만나고 木火의 기운이 강하여 화기격이 성립되었다.

1907년 5월28일亥시생						
坤命	丁未	丙午	戊午	癸亥		
수	10	20	30	40	50	60	70
대운	丁未	戊申	己酉	庚戌	辛亥	壬子	癸丑

그러나 본명은 대운이 金水로 흘러 하는 일도 잘 안되고 결혼은 하였으나 초혼은 酉대운에 실패하고 그 후 두 세번 혼인을 거듭했으나 매 번 실패하고 외롭게 살았다고 합니다. 그 이유는 대운이 불리함이었을 것입니다.

從格(종격)

종격이란 연약한 日柱가 자신의 본성을 버리고 사주가운데 가장 강한 오행에 종(쫓아감)하는 것을 말합니다.
약하다는 것은 사주원국에서 비겁 인성의 부조를 전혀 받지 못하는 것을 말하며 강하다는 것은 지지에 월지를 포함해서 하나의 오행으로 3개 이상이 되어야 하고 또한 삼합 방 합으로 局을 형성해야 강하다고 말하는 것입니다.

종격의 조건 : 主가 되는 것을 극하는 것이 있으면 안되고 비견 겁재 또는 인수의 도움을 전혀 받지 못하고 지지에 하나의 오행으로 월지를 포함 3개 이상 되어야 하며 삼합 方合으로 국을 형성해야 합니다.(丁壬合去로 인수 無로 봄)

2012년05월23일08시24분				
乾命	壬辰	丁未	甲戌	戊辰
수대운	9 戊申	19 己酉	29 庚戌	39 辛亥	49 壬子	59 癸丑	69 甲寅

종격의 용신과 기신 : 용신은 主가 되는 것이 용신이 되고 설기 또는 생 조해주는 것이 희신이 되고, 기신은 主가 되는 것을 극하는 것이 기신이 되고 기신을 도와주는 것이 구신이 됩니다.

從兒格(종아격)

일간이 생해주는 식신 상관이 많은 사주로서 월지를 포함해서 3개 이상 하나의 오행으로 이루어지거나 삼합 방 합으로 강하게 형성 되어야합니다.

1975년1월15일寅시생						
坤命	乙卯	戊寅	壬寅	壬寅		
수	3	13	23	33	43	53	63
대운	己卯	庚辰	辛巳	壬午	癸未	甲申	乙酉

이 사주는 寅월의 壬수가 壬寅시를 만나고 다시일지에 寅목를 놓고 있어 일간 壬水는 無根하여 힘이 없으므로 시간 壬수가 있다하여도 식신에 종할 수밖에 별 도리가 없습니다. 종하면 주신인 식신 木을 용신으로 보며 재성인 火가 희신이 됩니다.

從財格(종재격)

일간이 극하는 정재 편재가 많은 사주로서 월지를 포함해서 3개 이상 하나의 오행으로 이루어지거나 삼합 방 합으로 강하게 형성 되어야 합니다.

1923년10월3일亥시생						
乾命	癸亥	癸亥	戊子	癸亥		
수	1	11	21	31	41	51	61
대운	壬戌	辛酉	庚申	己未	戊午	丁巳	丙辰

종재격은 식상과 재성이 길하며 인성과 비겁은 흉합니다. 이 사주의 경우는 전체가 水기운으로 구성되어 있으므로 종재하게 되었는데 재성인 水와 식상인 金이 희용신이 되고 인성과 비견인 火土는 흉하게 됩니다.

從官(殺)格 (종관(살)격)

일간을 극하는 정관 편관이 많은 사주로서 월지를 포함해서 3개 이상 하나의 오행으로 이루어지거나 삼합 방합으로 강하게 형성 되어야 합니다.

1919년3월10일未시생						
乾命	己未	戊辰	壬辰	丁未		
수대운	1 己巳	11 庚午	21 辛未	31 壬申	41 癸酉	51 甲戌

이 사주와 같이 대부분이 관살로 구성되면 從官하게 되는데 財官이 길신이고 인비가 흉신이며 만약 원국에 인비가 끼어있다면 흉합니다.

그러나 재성이 없다면 무해합니다. 이사주의 주인공도 결혼생활이 원만치 못 하더니 壬申 대운 庚子년에 이혼 하였다고하는데 그 이유는 대운이 기신운으로 흘러가기 때문입니다.

從强格(종강격)

1918년3월2일巳시생						
乾命	戊午	丙辰	己丑	己巳		
수대운	8 丁巳	18 戊午	28 己未	38 庚申	48 辛酉	58 壬戌	68 癸

사주의 대부분이 비견 겁재 또는 인성으로 이루어진 어진 것을 말한다. 인성이 많아 종하는 것을 종강이 라고 하고 비견 겁재가 많 은 것을 종왕이라고 한다.

종왕, 종강격은 인수 비겁 운을 만나야 吉하고 재관운 은 凶하다. 만일 식상운으로서 팔자의 대부분이 비겁으로 되어있을 때는 무방하다. 종강격은 사주에 인수 또는 비겁으로 대부분 구성되어야 하고 한두 개의 재나 관이 있어도 從하게 된다. 이사주의 주인공도 초년 火 土운에는 부모덕으로 최고 학부 졸업하였으나 庚申금 운부터 내리막이더니 壬戌 대운 壬子년에 사업실패로 망하고 말았다.

곡직격 (曲直格)

甲乙 일간이 寅卯辰 월에 출생하여 지지에 亥卯未 등 木局을 이루어야 한다. 사주 중에 庚申金 등 官殺이 있으면 파격이 된다(지장간포함) 그러나 金이있더라도 火가 있어 金을 제거하면 파격에서 가격으로 되는 경우도 있다. 水木 운에 吉하고 金 운은 흉하다. 곡직격의 성품은 어질고 온후하다.

<곡직격사례 1.>   <곡직격사례 2.>

1914년3월4일寅시생					6	木	4	1942년1월16일亥시생			
乾命	甲	丁	乙	戊	1	火	1	乾命	壬	壬	甲	乙
	寅	卯	卯	寅	1	土	0		午	寅	寅	亥
수대운	2	12	22	32	42	52	62	0	金	0	수대운	1	11	21	31	41	51	61
	戊辰	己巳	庚午	辛未	壬申	癸酉	甲戌	0	水	3		癸卯	甲辰	乙巳	丙午	丁未	戊申	己酉

위 사례1의 사주는 卯월 乙목이 지지全局이 寅卯 木成局하고 甲목이 투출하여 순수한 곡직인수격(曲直仁壽格)이 되었다. 이 사주의 경우 木局이 丁화를 생하고 丁화가 천간에 나타나서 목화통명(木火通明)의 사주이다.
그러므로 氣와 精神이 높고 강하여 의학박사로 입신양명 하였는데 그 이유는 甲乙日生이 寅卯 월생으로 羊刃(쌍칼)을 차고 있음일 것이다.

위 사례2의 경우 寅월 甲목이 乙亥시를 만나고 일지에 寅목까지 놓았으니 寅亥合木으로 生木하고 木의 長生宮 이면서 木으로 合長하니 年支 午화를 제외하고 사주전국이 水木으로 성립되어 설정(泄精:샐설.썻을정)을 요하는바 다행히 寅午가 만나 상관을 이루어 설기시키니

- 118 -

기묘한 구성으로 巳대운에 고시에 합격 巳午未 남방운에 입신양명하여 대부호가 되었다.
[참고]인수(仁壽)라는 의미: 木은 東方之仁이요 仁者는 壽하므로 인수라 한것 인데 이격을 곡직격 또는 곡직인수격 이라는 명칭을 붙이게 되었다.

염상격 (炎上格)

丙丁 일간이 巳午未월에 출생하여 지지에 火局을 이루어야 한다. 삼합 방합으로 강하게 화국을 이루면 가격이 되지만 主가 되는 火를 극하는 壬癸亥子 등 水가 있으면 파격이 된다. 그러나 관살인 水가 있너라도 土가 있어 水를 제거 하면 가격으로 된다. 다만 충 극을 싫어한다. 火土(습)木 운에 吉하고 水金운은 凶하다 염상격의 성품은 활활 타오르는 형상이니 예의를 중시하고 관직이 좋으나 특히 형을 집행 하는 일에 종사하면 대성한다.

<염상격사례 1.>

1906년4월20일辰시생						
乾命	丙午	癸巳	丁巳	甲辰		
수대운	8 甲午	18 乙未	28 丙申	38 丁酉	48 戊戌	58 己亥	68 庚子

1	木	1
5	火	5
1	土	1
0	金	1
1	水	0

<염상격사례 2.>

1929년5월24일오시생						
坤命	己巳	庚午	丙午	甲午		
수대운	3 辛未	13 壬申	23 癸酉	33 甲戌	43 乙亥	53 丙子	63 丁丑

위 사례1의 사주는 고대총장과 전 신민당 당수를 지낸 유진오 박사의 명조로 巳월의 丁화가 甲辰시를 만나

고 일지에 다시 巳화를 놓고 천간에 丙화가 투출하여 천지염열지상(天地炎熱之象)으로 염상격(炎上格)이 되었다. 월상 癸수 忌神이 있어 불리해 보이지만 火국에 絶하여 무력하므로 두렵지 않아 염상격이 成格된 것이다. 시지 辰토 상관이 용신인데 甲목이 극제하여 有病이나 無藥인데 다행히 행운 申酉金운에 得藥하여<制去病>발복으로 고대총장이 되었다. 戊戌 상관운도 좋았는데 옛글에 이르기를 假傷官이 行傷官운이면 반드시 발복한다고 되었다. 그러나 58己亥 대운에 財名부진한 이유는 기신 甲목이 亥에 장생이요<根木 禍入>亥수가 巳화를 巳亥충으로 旺神冲發<衰神亥水가 旺神巳火를 건드림>함이다.

위 사례2의 경우는 午월 丙화가 甲午시를 만나고 일지에 다시 午화를 만나니 지지전국이 巳午火라서<無侵水殺>순수한 염상격(炎上格)이 되었다.
이 사주에서 특이하고 묘한 것은 三午가 모두 己토 상관을 대동하고 있는데 그 정기가 年上 己土로 秀氣되었고 또 巳中庚金 財星이 月上에 투출하여 傷官生財를 이루어 기쁜데 더 좋은 것은 시상 甲목이 午화를 生하고<甲木生群>그 午화는 生土하며 다시 生金으로 이어지니 좋으나 土金이 미약하여 염려 되었는데 辛酉 서방 行運이 도와 큰 부자가 되었다. 다가오는 北方 亥水운도 庚금 용신지병인 火를 제거하니 평생 부자로 행복한 삶을 살게 었다는 대부호의 부인 명조를 자세히 살펴보았다.

[참고]염상(炎上)이란 불이 피어오른다는 뜻이요 염상격 이란 불꽃처럼 타오르는 것으로서 사주의 격이 이루어졌다는 뜻인데 불이

피어오른다는 뜻은 丙丁 火日生의 사람이 지지에 寅午戌 이나 巳午未를 모두 갖추고 있으면서 壬癸수가 사주에 없어야 성격이 되고 만약 한 두 개가 있다면 파격이 되는데 水극火의 이치요 金 또한 生水극木하는 형상이라 大忌로 보는 것이다.

종혁격 (從革格)

庚辛일 일간이 申酉戌월에 출생하여 지지에 강한 金국을 이루거나 巳酉丑 金局을 형성하면 종혁격이 된다. 사주에 火가 있으면 파격이 되고 火가 있더라도 水가 있어 제거 하면 가격이 되지만 충 극을 싫어한다.
金水土(습土) 吉하고 火木은 凶하다
종혁격의 성품은 의롭고 위세가 있어 강직하기 때문에 무관직이나 사법계통에 종사하면 대성한다.

<종혁격사례 1.>

1900년7월21일酉시생				
乾命	庚子	甲申	庚申	乙酉
수	8	18	28	38	48	58	68
대운	乙酉	丙戌	丁亥	戊子	己丑	庚寅	辛卯

2	木	1
0	火	5
0	土	1
5	金	1
1	水	0

<종혁격.파격사례 2.>

1921년5월21일辰시생				
乾命	辛酉	甲午	庚申	丙戌
수	7	17	27	37	47	57	67
대운	癸巳	壬辰	辛卯	庚寅	己丑	戊子	丁亥

위 사례1의 경우는 申월의 庚금이 乙酉시를 만나고 다시 일지에 申금을 놓으니 柱中에 氣物인 火가 없어 貴비상한 격으로 국가의 부름을 받아 왕년의 내무차관으로 성공한 명조이다. 이 사주에서 특이한 점은 乙庚합으로 金化 함인데 年上 庚금이 방해하여 不化라고 이의를 제기하는 이가 있을 것이나 年干의 庚금은 甲庚

沖去하여 방해불능이며 더 좋은 것은 申子水局으로 용신 水가 유력하고 行運之水를 만나 발전하였는데 58 대운인 寅 마을에 들어서면서 패배자가 되었다고 하는데 그 이유는 寅申相沖 으로 왕신충발 되어 패배자가 되었을 것이다.

위 사례2의 경우는 종혁격이나 파격된 사례이다.
午월의 庚금이 비록 지지에 申酉戌을 만나고 辛금까지 투출하였으나 이격이 가장 싫어하는(忌) 丙丁(午中丁火)화를 만나서 종혁격으로 보지 않는 파격 사주가 되었으나 庚申일생이 申酉戌로서 身旺하여 官을 요하게 되므로 종혁격이 변하여 時上 丙火一位 貴格이 되었다.

그러므로 木용신이 분명하여 寅卯辰 木운에 육군대장으로 參謀總長까지 지내고 두 번의 국회의원까지 지낸바 있는 官貴한 명조가 되었다.
[참고] 종혁(從革)이란 革을 從하여 이루어진다는 뜻인데 그 혁이란 '고친다' '다시하다' 또는 가죽과 같이 벗겨낸다는 뜻이니 즉 경신(更新)이란 의미도 부여되고 있다.

윤하격 (潤下格)

壬癸일일간이 亥子월에 출생하여 지지에 강한 수국을 이루고 申子辰등 삼합 방향을 이루면 윤하격이 된다. 사주에 土가 있으면 파격이 되지만 木이 있어 제거하면 가격이 된다. 충 극과 土의 관살 운을 꺼린다.
金水운은 吉하고 土火운은 凶하다.

윤하격의 성품은 하해같이 넓고 맑으며 지혜도 있다.

1924년3월20일亥시생				
乾命	甲子	戊辰	壬申	辛亥
수대운	4 己巳	14 庚午	24 辛未	34 壬申 44 癸酉 54 甲戌 64 乙亥

1	木	1
0	火	0
2	土	1
2	金	2
3	水	4

1924년7월1일子시생				
乾命	甲子	辛未	壬子	庚子
수대운	3 壬申	13 癸酉	23 甲戌	33 乙亥 43 丙子 53 丁丑 63 戊寅

<윤하격(별격)사례 1.>　　　　　<윤하격 사례 2.>

위 사례1의 경우는 辰월壬水지만 辛亥시를 만나고 地支수局이 申子辰 水局을 이루고 있어 윤하격이 되지만 월주에 戊辰토가 임하여 이 사주는 윤하 이되 別格으로 보아야 한다.

윤하격의 의미는 윤습 즉 '적신다, 습하다는 뜻이요 下를 쓰는 이유는 流下로 흘러내려진다는 뜻이니 流下란 만물을 적시고 흘러내려지는 壬癸수를 말하는 것이다

본 명조를 자세히 분석해 보자면 辰中癸水가있어 不用할듯하나 辰은 五陽之節이요 戊土가 투출되어 戊토 편관을 쓰게 되는 것이다. 이 말을 쉽게 풀어 말하자면 격이 사주를 풀어 해설하는 방법일 뿐 격에 매달리면 안 된다는 것이요 즉 水가 주신이므로 윤하라 할 수 있으나 구성상으로 볼 때 월주에 戊辰토가 有根하고 있어 정격은 아니라도 윤하의 목적은 있으되 물을 막아 저수함을 요하는 팔자라는 의미도 있어 편관 용신하는 별격으로 본다는 것이다. 그러므로 본명의 주인공은 火운에

희신 운 이어서 안정된 생활을 하였고 申酉戌 金운에서 도<土用神에 火金은喜神) 용신을 극하는 용신지병 木을 제지하여 무사히 넘길 수 있었다 그러나 甲戌 대운에는 천극지충(天剋地衝: 찌를충.맛부디칠충.충돌을 의미)으로 천간은 강하게 극 당하고 지지는 辰戌沖으로 제방을 찔러 구멍을 내면 붕괴되어 대 홍수로 심한 변을 당한다는 의미로 보아 용신이 손상당해 위명(危命:위태할위.목숨명)하다로 본다.

위 사례2의 경우는 未월의 壬수가 庚子시를 만나고 지지전국이 子수로 동맹을 이루면서 천간의 庚辛금의 지원을 받게 되니 비록 未월 조토라 하더라도 감히 강한 水를 감당할 수 없어 金水化한 사주이다.

이 사주는 金水化할 수밖에 별 도리가 없으므로 윤하격을 이룬 경우이다. 그러므로 본인은 金운에 일찍이 경찰에 들어가 發身 하더니 甲戌 대운에 액로중(阨:좁을액.막힐액.路:길로.重무거울중)으로 막히고 헤매더니 (戌未형살에 물길을 막다) 乙亥대운에 경찰서장으로 승진하게 되었고 丙子대운도 계속 약진한 것으로 보아 대운의 길이 뻥 뚫린 힘이었을 것이다.

가색격 (稼穡格)

가색이란 심을가(稼) 거둘색(穡)을 써서 심어서 거두어 드린다는 뜻으로 농사짓는다는 의미이다. 농사를 지으려면 농토가 필요하게 되므로 사주에 대체적으로 土로 이루어진 격을 가색격 이라한다.

戊己 일 일간이 辰戌丑未월에 출생하여 辰戌丑未가 전부이고 木관살이 없으면 가색격이 된다.
가색격의 성품은 믿음과 충효가 겸비 되어 있다. 가색격은 干支가 土로 이루어 져야 진격이고 水木을 꺼리고 남방 화운을 기뻐한다.
辰월의 가색격은 가장 이상적인 격으로 木운을 꺼린다. 金水土는 吉하고 木은 기신 火는 한신이다.
未월의 가색격은 화염에 쌓인 조토이기 때문에 조후가 잘 되어야 吉하다 만약 조후가 조절이 안 되고 木火운을 만니면 제앙이 따른다.<인래 未월만은 가색이 안 되나 타주의 未토는 가하다 그 이유는 未는 丁화가 암장 되어있고 火월 炎天之土로 화염조토 이기 때 문이다>

金水土(辰丑)는 吉하고 木火土(未戌)은 凶하다. 戌월의 가색격은 조토(燥土)의 원국에 열기가 충만 하여 대운에 壬癸나 북방 운을 기뻐한다.
金水土(辰丑)는 吉 하고 木火土(戌未)는 凶 하다
丑월의 가색격은 동토이기 때문에 火가 오거나 未戌월 또는 巳午未 남방 운을 기뻐한다.
火土(戌未)운은 吉하고 木水土(辰丑)은 凶하다.

1918년6월4일辰시생				
乾命	戊午	己未	己未	戊辰
수대운	9 庚申	19 辛酉	29 壬戌	39 癸亥	49 甲子	59 乙丑	69 丙寅

0	木	2
1	火	1
7	土	5
0	金	0
0	水	0

1926년9월21일戌시생				
坤命	丙寅	戊戌	己丑	甲戌
수대운	4 丁酉	14 丙申	24 乙未	34 甲午	44 癸巳	54 壬辰	64 辛卯

<가색 변재관격 사례 1.>   <가색성격사례 2.>

위 사례1의 경우는 1火7土로 가색이 잘 이루어진 것 같이 보이지만 未월이 영합오화(迎合午火)하여 토조화염(土燥火炎)으로<未월의 마른 흙이 다시 午火를 맞이하니 폭염의 마른 흙이 되다>이 격으로 쓸 수 없고 未월未일에 辰土를 만나서 각각 장간의 三乙木을 인출하여 亥子丑 水운에 크게 발복하였으니 이는 가색이 변하여 再官을 用해야하는 사주로 변한 사례이다.

위 사례2의 경우는 戌월의 己토가 甲戌시를 만나고 연지에 寅목까지 있어 가색이 불가할 것 같지만 寅戌로 유취화국(類聚火局:같은 무리가 모여 火 를 이루다)하였다.

시간 甲목은 일간 己토와 합하여 化土가 되어 순수한 가색이 되므로 巳午未 火운에 의학박사로<醫博은 刑殺작용> 행복하게 살았다 그러나 卯운이 되면서 剋土로 大忌하였다고 한다.

<가색격 사례 3.>

1925년4월13일戌시생			
坤命	乙	庚	己	戊
	丑	辰	丑	辰
수	1	11	21	31	41	51	61
대운	辛巳	壬午	癸未	甲申	乙酉	丙戌	丁亥

1	木	2
0	火	1
6	土	5
1	金	0
0	水	0

<가색격 사례 4.>

1928년12월14일戌시생			
乾命	戊	乙	己	甲
	辰	丑	巳	戌
수	4	14	24	34	44	54	64
대운	丙寅	丁卯	戊辰	己巳	庚午	辛未	壬申

위 사례3의 경우는 辰월 己토가 戊辰시를 만나고 다시 연일지에 丑토를 만나니 6土1金1木으로 구성되어있다. 그러나 연상의 乙목이 가색을 방해 하는 신이기는

하지만 월상 庚금이 乙庚 合去시켜 成格이 되었다<乙목은지지丑중辛금에殺地座하고다시丑辰으로 토생금乙庚화合해서 合而又化去됨>그러나 이 사주는 官殺이 合去傷하여 남편성이 상하여 독신이 되었으나 富는 얻어 일생을 평안하게 살게 되었다.<차라리 무관이었으면 배우자인연이 없지는 안았을 것이다>

위 사례4의 경우는 丑월 己토가 甲戌시를 만나고 다시 일지에 巳화를 놓아 5土1火 2木으로 구성된 사주이나 월상 乙목은 丑중辛금 살지에 앉아 무력하고 시간 甲목은 甲己合化土되어 아름답게 成格을 이룬 사주다.

혹자는丑월戌시생이라 동토를 염려할 수 있으나 일지 巳화가 있어 따뜻한 溫暖之土가되었음, 戊辰 대운부터 발복하여 己巳대운에 크게 성공하고 庚午대운도 흥왕하였는데 壬申대운에 위기를 맞이하여 沒 하였다고 한다. 그 이유는 신금 상관 운이고 다시상관으로 변함이다. <이 사주는 丑중辛금과巳중庚금戌중辛금이암장되어있어 가색이되 자갈밭으로 池甚(연못의 깊이가 심하다 즉 물기운이 강함으로 상관으로 봄)한데 다시 壬申을 만나면 상관으로 대단히 불리하다.>

기명종격(棄命從格)

　기명종격이란 주로 음일간(陰日干)으로써 어떤 오행이 일방적으로 태왕(太旺)하여 자신이 타 오행에 의지 할 곳이 없을 때 자기의 본분(命)을 버리고 그 왕성한 오행에 따르는 종(從)것을 말한다. 양일간(陽日干)도 이런 격이 있긴 하지만 사주 중에 조금이라도 의지 할 곳이 있으면 절대로 종하지 않는다. 그러나 음일간은 어떤 오행에 의지 할 곳이 조금 있더라도 종을 하게 된다. 기명종격에도 기명 종살 종재 종아 등이 있다.

<기명종재격사례 1>

1933년8월9일丑시생				
乾命	癸酉	辛酉	丁酉	辛丑
수대운	7 庚申	17 己未	27 戊午	37 丁巳	47 丙辰	57 乙卯	67 甲寅

0	木	0
1	火	2
1	土	2
5	金	4
1	水	0

<기명종재격사례 2>

1921년8월29일戌시생				
乾命	辛酉	丁酉	丙申	戊戌
수대운	7 丙申	17 乙未	27 甲午	37 癸巳	47 壬辰	57 辛卯	67 庚寅

棄命從財格이란 ?

　기명종재란 자신의명 즉 본분을 버리고 재성을 좇아 간다는 의미로 보면 되는데 기명종재 하려면 타당한 이유가 있어야한다.

1. 일주가 無根이라야 한다.
2. 재가 지지에 局을 이루고 全 財라야한다.
3. 재가 천간에 투출함을 기뻐한다.
4. 일주가 방조(幇助:도울방.도울조)를 받음이 없어야한다.

이상의 4대 요건이 갖추어져야 기명종재 성격이 된다. 그런데 모든 요건이 갖추어져 성격이 되었더라도 운에서 도우는 기운이라면<若逢根基면命損無情>大忌하다 하였다. 예를 들어 말하자면 위 사례1과 같이 성격이 되었다 하더라도 대운이 서북 금수 운이면 재관이 왕성하면 순수하지만 木火운을 타면 재앙이 따른다고 한다.<위 사례는 제외됨 뒤에 자세히 설명하겠음>

위 사례1의 경우는 酉月 丁화가 辛丑시를 만나고 연일지에 쌍으로 酉금을 놓으니 酉丑 金 從財 하는데 더욱 기쁜 것은 辛금이 천간에 나타나서 有氣함이다. 이 사주의 경우는 초년 庚申운은 부모덕으로 좋았고 己未대운에는 丑未 冲 하여 약간의 변화와 흔들림이 있었으나 무사했고 戊午대운에 火극金 으로 불리해 보이지만 한 습한 丑土 를 火生土 土生金한 탓이고 丁巳대운역시 巳酉합으로 크게 성공하였으며 丙辰운도 辰酉 合金되어 무사했으나 乙卯대운에 卯酉 相冲 으로 大忌함이니 이는 旺神冲發의 이유임이다.
왕신충발(旺神冲發)이란 무엇인가 ?
사주원국의 왕한 오행을 행운에서 들어오는 衰神(약한신) 충하고 건드리면 왕신이 대노(大怒)하여 삶을 풍파로 만들게 되는 것을 왕신충발이라 한다.

위 사례2의 경우는 酉月 丙화가 戊戌시를 만나고 지지에서 申酉戌을 만나서 취합태금(聚合兌金:금이모여빛이남)으로 從金財格이 되었다.

월상 丁화 겁재가 있어 불리해보이나 無根失時 하여 쓰지 못하니 오히려 이사주의 병이되었다 고로 午未 火운은 되는 일이 없더니 巳운에 들어서면서 巳酉합 金局으로 名財로 이름과 부를 함께 누렸다 그러나 노후 辛卯운이 되면 쇠신 왕신충발로 大忌한데 이런 경우 이 사람의 66세 庚寅년이 되면 용신 金이 絶하고 병이되는 丙丁火가 寅卯에 根하여 火金이 相戰하는 형상 身命을 다하게 되었다.

양신성상격 (兩神成象格)

양신성상격 이란 간지에 두 오행으로 이루어져 서로 상생 되는 것을 말한다.
예를 들면 土金 木火 金水 水木 등으로 상호 상생하는 간지가 두 개씩 사주의 간지에 각각 들어 있는 것을 말한다. 간지가 상호간 상극 되거나 다른 간지가 상극 되는 것은 제외 된다.
양신 성상격은 종강격과 동일한 방법으로 생각하면 된다. 즉 木火의 양신 성상격 이라면 木火운은 吉하지만 이와 상충 되는 土金운은 凶하다.

<실전사주사례1.>

곤명	1958년 2월 22일 午시생			
	戊	丙	丁	丙
	戌	辰	巳	午
수대운	2 12 22 32 42 52 62			
	乙 甲 癸 壬 辛 庚 己			
	卯 寅 丑 子 亥 戌 酉			

이 사주는 辰월의 丁화가 丙午시를 만나고 일지에 巳화를 놓아 3土5火로 양신성상격으로 구성된 명조 입니다. 본명의주인공은 모 대학 교수 부인으로 부자로

잘살고 있는데 양신성상의 경우는 자신에 대한 삶은 넉넉하지만 질 적인 면에서는 부족한 면이 따르게 된다. 우리가 5손가락으로 살아가면 모든 면에서 편안하지만 3손가락이 없고 단 2개의 손가락으로 살아가자면 그 두 손가락이 아무리 발달되었다 한들 5손가락만 하겠는가를 생각해보면 이치를 알게 될 것이다. 위 명조의 주인공은 일산지역의 부 농의 큰 딸로 태어나 유산으로 50여억 원을 받아 부자지만 어딘지 모르게 허전하고 배우자와의 사이가 좋지 않은 점으로 보아 火土가 상생 되더라도 배우자성인 水인 官이 무력한 까닭이라 생각된다.

가종격 (假從格)

가 종격이란 종격을 이루지 못하고 종격에 유사한 명조를 가 종격이라고 한다. 예를 들면 천간에 한 두 개의 인성이나 비겁이 있고 나머지는 식 재 관으로 구성되어있되 인수나 비겁이 파 극 되어 태 약한 사주를 종격과 같은 방법으로 생각하면 된다.

眞과假

用神은 진신과 가신이 있다.
眞神이란? 진짜 용신(사주원국에 있는 용신)
假神이란? 진신이 없을 때 쓰는 가짜 용신

<참고사항>

인성이 多하면 財용신 이고 비겁이 多하면 官용신을 쓰지만 식상이 多하면 印용신을 쓰게 되고 재성이 多하면 比劫 용신을 써야하며 관성이 多하면 식상용신이요 신왕관왕하면 식상을 용신하면 되지만 이것은 대체적인 공식일 뿐 사주 구성에 따라 다를 수 있다.

1. 격국(格局)이란 무엇인가?

우리는 앞장에서 용신에 대하여 공부하였다.
용신은 사주를 간명 하는데 아주 중요함으로 용신에 대하여 계속 논하게 될 것이다. 그러나 격국이란 무엇일까? 격국이란 사주의 틀이라고 하면 정답일 것이다. 산에 가면 수많은 나무들의 종류가 있듯이 사람의 사주에도 수많은 유형의 격이 있다. 그러나 그 수많은 격을 모두 섭렵하려면 시간과 에너지가 소모되므로 우리는 중요한 격국만 생각하면 된다.
격국은 크게 분류 하면 내격(內格)과 외격(外格)으로 나누어진다. 내격을 정격 외격을 변격이 라고 한다.

격을 정하는 방법
(1) 월지의 지장간 에서 천간에 투출한 정기의 오행으로 격을 정한다.
(2) 천간에 투출된 정기가 없으면 중기 여기 순으로 정한다.
(3) 천간에 투출된 정기 중기 여기가 없으면 월지로 격을 정한다.
(4) 사주 내에서 가장 강한 오행의 세력으로 격을 정한다.

다만 투출되어 있더라도 타 오행에 의하여 파극(破剋) 되면 월지의 정기가 표시하는 오행으로 정한다.

이러한 방법으로 분류된 격을 정 팔격 이라고 하는데 정팔격 에는 정재격 편재격 인수격 편인격 식신격 상관격 정관격 편관격 이 있다. 그 외에도 수십여 종의 격이 있다고 하나 정팔격만 알고 있으면 사주 감명 하는데 문제가 없다고 사료되어 정팔격만 소개 한다.

<1> 정관격(正官格)

 정관격은 월지장간에 정관이 있고 정관이 월령 또는 천간에 노출되고 강해야 한다.
정관이 많으면 칠살이 되기 때문에 진격이 되려면 정관이 하나만 있어야 한다. 형 충 파 해를 꺼리기 때문에 형 충 등이 없어야 한다.

<해설> 정관은 월지 암장에서 투 간 되어야 하며 정관을 간직한 궁에 무충무파(無冲無破)라야 귀명이 된다.
정기관성(正氣官星)은 인수상(印綬上)에 놓이면 관인상생(官印相生)되어 대단히 고귀(高貴)하다 그러나 무충(無冲) 무파(無破)해야 吉 하다. 정관격은 인덕이 있고 순박하며 입신양명하게 된다. 정관격은 나를 극하는 것이기 때문에 일주가 강해야 吉 하지만 신약 사주에서는 세운 대운에서 생조(生助)를 받으면 되고 그 官에 충파(冲破)가 없어야 길하게 된다.

<정관격사례 1.>

乾命	癸	甲	己	戊		
	丑	寅	未	辰		
수	1	11	21	31	41	51	61
대운	癸丑	壬子	辛亥	庚戌	己酉	戊申	丁未

<정관격사례 2.>

坤命	丁	壬	辛	丙		
	酉	寅	巳	申		
수	6	16	26	36	46	56	66
대운	癸卯	甲辰	乙巳	丙午	丁未	戊申	己酉

위 사례1의 경우는 寅중甲목 본기가 투출되어 寅목 과 辰중乙목에 차근하여 木이 왕 하여졌고 또한 己토 일주도 三陽이 회태(回泰=넉넉하게 돌아옴)하고 未中丁火의 온난 을 얻었(得)으며 시주의 戊辰이 방조(幇:도울방.助도울조)다하 고 身이 왕 하니 월의 寅중 甲목으로 格을 월간 甲목을 用神으로 정하게 된다. 월간에 甲목이 투간되어 좋고 아울러 년의 癸수가 生助하며 丑中癸水에 통원(通源:통근 과같)하여 용신을 돕고 있어 기쁘다.<生用神者曰喜神>

본명의 주인공은 정관격 이라서 행정관<이사관>으로 공직에 근무하였는데 水운에 발복하였고 土金운에 불리 하더니 戊申운에 패배하였다. <戊토는 戊癸합火되고 申금은 寅 申충으로 용신을 강하게 冲去시킴>

위 사례2의 경우는 寅월의 辛금이 丙丁화가 투출되 어 관살혼잡(官殺混雜)된 사주 이지만 丁화는 壬수가 合 去 시키고 지지에 巳酉금局하고 酉금의 방조(도움)로 화 官약한 명조라서 官을 기쁘게 하는 명조인데 대운이 남 방 火운으로 달려 귀부인으로 살아간 명조이다. <寅中丙 火로 正官格에 官用神함>

<2> 편관격(偏官格)

편관격은 월지장간에 편관이 있고 편관이 투출 되어야 한다. 편관은 칠살로서 나를 극하기 때문에 身旺함이 吉하다 다만 타주에 관살이 없어야 한다. 만약 관살 혼잡 하면 대기(大忌)하다.

<해설> 편관은 호랑이와 같이 무서운 존재이므로 편관이 많고 충 하면 겁을 내지만 신왕하거나 신왕 운을 만나면 忌하지 않는다. 그러나 신약하고 편관이 강하면 재앙과 근심이 있게 되지만 식신으로 누르고 중화 시키면 귀하게 된다. 편관은 장점도 있다. 편관은 적당히 制하면 權으로 化하게 되어 貴하게 된다.

소년기에 만나면 과거급제 하여 출세하게 되고 늦게 만나도 신왕마을로 들어서면 큰 재목으로 등용되어 부귀공명 하게 된다. 칠살을 다스리는 방법은 첫째. 식신으로 제살하고 둘째는 비겁으로 合殺(합살)하거나 셋째 인성으로 통관시켜 살인상생으로 만드는 방법이 가장 이롭다.

1906년 9월 18일 丑시생				
乾命	丙午	戊戌	壬子	辛丑
수	1 11 21 31 41 51 61			
대운	己亥 庚子 辛丑 壬寅 癸卯 甲辰 乙巳			

<편관격사례 1.>

1968년 12월 28일 辰시생				
乾命	己酉	丙寅	庚申	庚辰
수	3 12 23 33 43 53 63			
대운	乙丑 甲子 癸亥 壬戌 辛酉 庚申 己未			

<편관격사례 2.>

위 사례1의 경우는 戌월의 壬수가 辛丑시를 만나고 일지에 子수를 놓아 불약(不弱)이요 아울러 시간의 辛금이 戌中辛금에 뿌리하고 있어 身旺 하지만 戌戌 편관 역시 丙午火의 도움으로 생왕하니 일주지병이 된다. 그러나 행운에서 木운을 만나 유병득약(有病得藥) 하여 한 나라의 장관의 관직까지 맡아온 좋은 명조이다.

위 사례2의 경우는 寅中丙火가 월간에 투출하여 편관격이 되었군요. 비록 失令은 하였지만 庚금이 앉은자리에 辛금을 놓고 己酉의 扶助를 받으니(印比帮:도울방.身) 약이 변하여 왕이 된 경우이다.

이 格은 목눈금견(木嫩:어릴눈.金堅:굳을견=나무는 여리고 쇠는 튼튼하다)이니 丙화가 없었더라면 그 寅목은 金制를 당하여 존재하기 어려웠을 것이고 또한 寅목이 없었더라면 丙화는 뿌리가 없어 꺼진 불로 힘이 없었을 것인데 다행히 불가분의 좋은 인연으로 칠살용재(七殺用財格:用財滋殺格) 격으로 이루어졌으나 호운(好運)이 없어 身旺한 庚금 이면서도 명성을 얻지 못하고 말았다.

대운 중 甲목운에 木生火로 좋았고 癸수 운에는 년간 己토가 극하여 큰 화는 없었고 亥운에는 寅亥합목으로 生火하여 좋았으며 戌운에 들어서서는 申酉戌대운은 金 旺에 火가 入庫되어 길이 막혔으며 酉운에는 木이 피상되고 火는 死궁으로 세상을 떠나게 되었다.

이 사주의 경우 寅월의 庚금이 근본은 약하나 申酉己庚辰을 얻어 득지득세로 약이변해 강이 되었다 그러므로 丙화 官을 써야 하는데 병화가 약하여 이런 경우는 신왕에는 억제 자가 용신인데 그 억제 자가 약 할 때는 억제자를 生扶하는 자가 용신이라는 법칙에 의하여 寅목이 용신이 되는 것이니 편관용재격 으로 분류된다. 다만 목화운을 만나지 못해 좋은 사주이면서도 무명에 그치고 말았지만 만약 호운이었더라면 일국의 재상감 이었을 것이다.

<3> 정재격(正財格)

정재격이란 월 지장 간에 정재가 있고 투간된 격을 말한다. 이격은 재생관살(財生官殺)로 신약하게 되어 비겁인수를 얻어 신왕하게 함이 원칙이지만 신왕재약(身旺財弱)인 경우 상관 식신을 얻어 財를 보해야 한다.
<해설> 정재격에는 충파(冲破)가 없어야 귀하게 된다. 그 이유는 財生官(재생관)하여 재가 생왕(生旺)하여야만 크게 복록을 얻게 되기 때문이다.

乾命	1895년2월18일辰시생	坤命	1920년9월21일巳시생
	乙 己 庚 庚 未 卯 申 辰		庚 丙 癸 丁 申 戌 亥 巳
수	3 13 23 33 43 53 63	수	2 12 22 32 42 52 62
대운	丁 丙 乙 甲 癸 壬 辛 丑 子 亥 戌 酉 申 未	대운	乙 甲 癸 壬 辛 庚 己 酉 申 未 午 巳 辰 卯

<정재격 사례 1>   <정재격 사례 2>

위 사례1의 경우는 卯월의 庚금이 庚辰시를 만나고 다시 일지에 申금을 놓고 己未토까지 부조하므로 비록 失令은 하였지만 신강한 명조이다.<卯목정재가 年干에 투출하

고 있어 正財格이 성립되었다>그러므로 인수는 필요치 않아 乙목 재로 용신하면 된다.

　이 사주의 주인공은 광산업 巨富로 명성을 날리더니 戌운이 들어오면서 여러 갈래의 길로 날뛰더니(飛流十仞) 이슬비에 옷 젖듯이(破家:(파가)零:조용히오는비영.落:떨어질낙)파산하여 늦은 나이에 어렵게 지내다가 申운에 세상을 떠난 명조인데 신왕재왕(身旺財旺)한 좋은 명조였으나 乙卯목 재성이 己未 마른 흙(燥土)에 뿌리내리지 못한 상태에서 癸酉 壬申의 旺水운이 와서 수다목부(水多木浮)로 가산 탕진한 것이며 戌토는 인수로 힘이 흘러넘쳐 천방지축으로 날뛴 것이며 申운은 강금(剛金)이 財를 치는 형상이라 세상을 하직한 것으로 보면 된다.

　위 사례2의 경우는 戌월의 癸수가 丁巳시를 만나서 戌中丁火가 시상에 투간 정재격이 성립되었다. 그러나 丁巳는 丁癸충 巳亥충으로 不用하고 월상 丙화로 正財格을 삼는다.
이 사주의 경우는 재다신약(財多身弱)으로 볼 수 있으나 戌中辛金 巳中庚金의 생조와 年柱 庚申금과 자좌(自座) 亥수의 생부(生扶)로 신약하지 않아 왕재를 부릴 수 있어(任財) 행운의 巳午未 南方火운에 크게 발복하여 大富가된 여명의 명조이다.

<4> 편재격(偏財格)

　편재격은 월지장간에 편재로 성립 되는 것이다.
원래 월 편재는 일주의 사궁(四宮)이므로 신약하여 財가 왕 하거나 재생 관을 받고 있으면서 비겁의 생조를 필요로 하는 것이고 財가 적고 비겁이 많을 때는 탈재(奪財)가 되므로 官殺이 있어 비겁을 제지(制) 해야 좋다.
<해설> 편재격을 이룬 자가 신왕하면 영웅호걸이 되는데 양인비겁의 침이 없어야만 복록을 얻게 된다. 재다신약 한 편재격은 노력은 많되 성사됨이 적다.
　신왕재왕한 편재격은 큰 재물을 능히 감당할 능력이 있게 됨으로 재복이 있게 된다. 이때 관성이 있어 財生官 하면 크게 부귀 하게 된다. 편재는 겁재를 크게 싫어한다. 편재가 겁재를 만나면 빈곤 상처 막힘 등의 凶한 일이 발생 하게 된다.

<편재격사례 1>

1914년9월20일寅시생				
乾命	甲寅	甲戌	丁酉	壬寅
수	1 11 21 31 41 51 61			
대운	乙 丙 丁 戊 己 庚 辛 亥 子 丑 寅 卯 辰 巳			

<편재격사례 2>

1895년2월18일辰시생				
乾命	丙辰	己亥	庚戌	丁丑
수	3 13 23 33 43 53 63			
대운	庚 辛 壬 癸 甲 乙 丙 子 丑 寅 卯 辰 巳 午			

위 사례1의 경우는 월지 戌중辛금이 無 透出되어 柱中

旺자로 볼 때 甲인목이 왕하고 丁壬이 合木되어 종격이 될듯하지만 일지 酉금이 있어 부종하고 인수가 많아 官을 喜하지만 壬수 官은 合去로 不用하고 辛酉금으로 인수를 다스려야 하는데 庚辰 대운에 들어서면서 약한 재성이 용신 酉금을 도우므로 일약 거부가 된 국내재벌 회장의 사주이다.(대림산업사장)

<참고>이 사주는 편재격으로 분류하지만 우선 旺者入格으로 보아야 할 것 같다. 일지에 유금이 깊숙이 박혀있지만 고립된 상태라서 무력하여 주신을 목으로 보고 水木운에 발복하지 않았나 보여진다.<수목화가 길신이고 금은흉신이 된다.>

위 사례2의 경우는 亥월 庚금이 丁丑시를 만나고 일지에 戌토를 놓아 인수 왕 한데 年月의 辰己토까지 생조 하므로 인수태왕한 명조이다. 사주구성이 한습 하여 官인 火를 써야할 형편인데 회기무광에 관인상생으로 인수를 강하게 만드니 不用한다.

旺자는 制함보다 泄함을 기뻐하므로 水로 힘을 빼려고 보니 극제당한 亥수(亥中壬水)는 고립되어 불용하고 亥중 甲목을 쓰면 식신생재하여 유력하고 自座亥에 得長生하여 능히 疎土로 병을 치료할 수 있어 좋아진다.

대운 동방 木운에 부자가 되었으나 巳운을 만나면 亥궁을 충하고 甲목이 巳에 병들고 申년에 木이 絶하여 있는 중 庚辛금이 旺하여 來剋하면 신명에 위험도 있게 된다. 이런 경우는 병약용신으로 풀면 된다.

여기서 중요한 것은 亥月庚일로 金水傷官見官이라하여 火官을 용신하기 쉬운데 주의해야한다.

<5> 식신격(食神格)

　식신격은 월지 장간의 식신으로 구성된다.
식신은 의식주(依食住)인데 재(財)를 생하여 사람의 일상생활에 필요한 경제적인 면을 말하는 것이다.
이격은 본질이 신약이 되기 때문에 신왕(身旺)을 필요로 하기 때문에 비겁이나 인성을 기뻐 하지만 편인을 좋아 하지 않는다. 식신격의 특징은 타격에 비하여 변화가 많음으로 자세히 명조를 살펴야 한다.

<해설> 식신이 왕 하면 재관보다는 좋은 것인데 일간이 왕 함을 요 한다. 만약 식신을 도식(倒食) 즉 편인이 와서 극하면 탈식(奪食)상태가 되어 식신이 상하게 되는 것이니 그때는 화(禍)가 천 가지가 와서 괴로움이 풀일 날이 없게 된다.

1945년10월13일辰시생						1994년5월10일丑시생					
乾命	乙酉	丁亥	庚寅	庚辰		乾命	甲戌	庚午	乙亥	丁丑	
수	3	13	23	33	43 53 63	수	1	16	26	36	46 56 61
대운	丙戌	乙酉	甲申	癸未	壬 辛 庚 午 巳 辰	대운	辛未	壬申	癸酉	甲戌	乙 丙 丁 亥 子 丑

< 식신격사례 1>　　　　　<식신격사례 2>

　위의 사례1은 庚일의 亥월생 으로 장간의 투출은 없으나 식신생재격 으로 본다. 시간 庚금이 辰酉의생조로 强 金이 剋木하여 金이 병이나 약인 월상 丁화가 약하

지만 寅木에 착근하여 유력하므로 재력가로 소문난 거부였지만 庚辰대운에 재물과 몸이 함께 망가져 몰(沒)하였다.

위의 사례2는 午월의 乙목이 시간에 丁화가 투출하여 食神격이 성립되었다. 그러나 見 官으로 불리하여 보이지만 乙庚합으로 묶이면서 큰 문제가 없을 것이고 壬申 癸酉 대운까지는 별무 소득 하다가 甲戌대운부터 발복할 사주이다.

<참고>식신도 둘 이상이면 상관으로 본다. 식신은 정관의 정관으로 하나만 있을 때는 괜찮 으나 둘 이상이면 강하게 극하여 살이 된다.

<6> 상관격 (傷官格)

상관격도 월지장간에서 투출된 것으로 결정한다.
상관격이란 관(官)을 상하게 하는 자이니 바로 관을 극하는 오행을 말하는 것인데 이 오행으로 격이 이루어졌다는 의미이다.
상관은 정관 자손을 극하는 것이니 상관을 놓으면(만나면) 자손에 대한 근심이 있고 상관은 내가 생하는 오행이기 때문에 나의 기를 도덕질 당한다하여 도아지기(盜我之氣)라고도 한다.
그러면 상관은 대단히 쓸모없는 육신이라고 생각되지만 꼭 그런 것만은 아니다. 신(身)이 대단히 왕(旺)하였을 때 타 육신을 생하게 되니 그때는 도기(盜氣) 가 아니라 설기시켜 좋아지는 것이고 또한 상관에 재(財)가 있으면 식상관은 생재(生財)하고 재는 생관(生官)하니 관은 상하지 않고 관인상생(官印相生)하게 되어 오히려 흉함이 길함으로 되는 일이 많다.

1929년5월20일巳시생				
乾命	己巳	庚午	甲午	己巳
수	4 14 24 34 44 54 64			
대운	己巳 戊辰 丁卯 丙寅 乙丑 甲子 癸亥			

< 진상관격사례 1>

1952년10월9일子시생				
乾命	壬辰	辛亥	乙亥	丙子
수	4 14 24 34 44 54 64			
대운	壬子 癸丑 甲寅 乙卯 丙辰 丁巳 戊午			

<가상관격사례 2>

위의 상관격 사례1의 경우 午월의 甲목이 己巳시를 만나고 다시 일지에 午화를 놓으니 眞상관격이 성립된다. 그러나 巳대운 말 壬午년에 14세의 나이로 죽게 되었는데 이런 경우는 진상관이 다시 상관을 만나서 나무가 활활 타버린 형상이라서 불리한데 壬午의 불에 재차 甲목이 死궁에 傷官年 하여 夭壽 한 것이다.

위의 사례2의 경우는 亥월子시에 나고 다시 일지에 亥水 놓으니 乙목은 범수(汎水)에 부목 되는데 다행이 시상 丙화 상관이 떠서 가상관으로 격을 정하였으나 일찍이 壬子 水旺 운을 만나서 용신 丙화를 극화 하므로 6세인 丁酉년에 酉금은 生水하고 丙화는 酉에 死궁으로 일찍 죽게 되었는데 가상관이 인수 운을 다시 만나면 파료상관(破了傷官)하여 필사(必死)라 하였다.

1998년6월16일未시생				
坤命	戊 寅	己 未	丙 戌	乙 未
수	10 20 30 40 50 60 70			
대운	戊 丁 丙 乙 甲 癸 壬 午 巳 辰 卯 寅 丑 子			

<진상관용인격사례 3>

1986년12월4일亥시생				
乾命	丙 寅	庚 子	壬 子	辛 亥
수	1 11 21 31 41 51 61			
대운	辛 壬 癸 甲 乙 丙 丁 丑 寅 卯 辰 巳 午 未			

<가상관격 사례 4>

위 사례3의 경우는 丙화가 未월 未시를 만나고 己토가 투출하여 진상관격이 성립되었다. 5토가 설기시키므로 비록 병화지만 기진맥진이다. 다행인 것은 시간 乙목이 바로 옆에서 生火하고 剋土하나 약하기 그지없는데 乙卯甲寅 운이 와서 크게 부귀를 누리게 되나 60대운 癸丑운에 丑중辛금이 乙辛충 하게 되면 인수 乙목이 冲去 되므로 수명을 다하게 된다.

위의 사례4의 경우는 子월의 壬수가 亥子를 만나고 庚辛금이 生水하니 대단히 강한 물이다. 다행인 것은 丙寅이 있어 조후아고 설기시키니 가상관 으로 격을 정하였다.

<7> 인수격(印綬格)

인수격이란 나를 생하여 주는 인수(印綬)로 성립되는 격인데 정인(正印) 편인(偏印)구분 없이 인수격 이라고 한다. 다른 격과 같은 방법으로 성립된다.
인수는 나를 생하는 것이므로 신주(身主)가 자연히 왕하기 때문에 극하여 주는 것을 좋아한다. 그러므로 월봉 인수는 희 관성이라고 한다.
인수는 재(財)에 상하게 되기 때문에 재성을 대단히 싫어한다.
인수(印綬)는 나를 생하는 오행으로 나에게 이롭다고 하지만 너무 많으면 오히려 병(病)이 되는 것이므로 제(制)하여야 하는데 그 제하는 것이 재(財)가 된다.
생월에 인수를 만나면 관성을 기뻐하는데 사주 중에 관성(官星)이 없어도 대운 세운에 관성이 들어오게 되면 吉 해진다.

<인수 용 재격 사례 1>   <인수용식신격사례 2>

1899년11월20월16일亥시생				
坤命	己亥	丙子	甲子	乙亥
수	5 15 25 35 45 55 65			
대운	丁丑 戊寅 己卯 庚辰 辛巳 壬午 癸未			

1903년10월25일亥시생				
乾命	癸卯	甲子	乙亥	丁亥
수	2 12 22 32 42 52 62			
대운	戊午 丁巳 丙辰 乙卯 甲寅 癸丑 壬子			

위의 사례1의 경우는 子중 癸수의 투출은 없어도 인

수 다봉(多逢)사주라서 인수용재격(印綬用財格) 사주로 보면 됩니다. 火土로 제설함이 마땅하다. 대운이 木火로 흘러 좋습니다. 이 사주는 임영신 중앙대학 총장의 명조입니다.

子月의 甲목이 乙亥시를 만나고 지지에 다시 亥子를 만나니 水氣가 태왕한명조이다. 水木이 응결될 수도 있으나 천간에 木火土 희신이 나타나 조후하고 제수설수(制水洩水)하니 사주가 좋아졌다. 더욱이 대운이 木火로 흘러 좋아졌는데 월봉인수(月逢印綬)하면 선생님 팔자라고 하다.

위의 사례2의 경우는 子月의 乙목이 일시지에 쌍으로 亥수를 만나고 年支에 다시 卯목을 만나 亥卯로 합 木하면서 水木 상생으로 양기성상(兩氣成象)에 丁화 식신을 만나 인수용 식신격(食神格)이 되었다.

우리는 지금까지 기초에서부터 격국, 용신까지 모든 것을 다 배우고 익혔습니다. 그럼 더 배울 것 없이 사주 여덟 자만 적어놓으면 척척 말이 쉼 없이 술술 나와야 될 것인데 그렇지를 않다는 점이 매우 안타깝고 어찌 보면 여기서 포기하는 사람들이 많습니다. 지금까지 공부한 것은 우리가 잘 하기위해 기초를 다진 것뿐이지 지금까지 배운 것을 가지고 사주를 풀기는 좀 역부족이라 생각하시면 마음이 편합니다. 그럼 다시 시작해야 한다는 말인가요? 라고 반문 하실 것입니다.

그렇지는 않습니다. 기본교육은 다 되어있으니 지금부터는 통변술을 익혀야 한다는 것이지요. 통변술이 뭐냐고 물으실 것입니다. 통변술(通辯術)이란 사주 여덟 글자의 형태를 파악하고 합 충 형 등으로 인한 변화를 살피는 작업인데 그동안 배운 기본지식을 활용하는 방법이라 말 할 수 있습니다. 기본교육은 누구나 열심히만 하면 되지만 통변술은 각자의 능력에 따라 달라질 수 있지요. 그래서 항간에는 통변비법 운운 하면서 학인들을 유혹하는 사례도 있답니다. 그러나 특별한 통변비법은 없다고 필자는 생각합니다. 다만 통변하는 방법을 익히고 기본교육만 잘 되어있다면 사주팔자를 잘 읽을 수 있으니 너무 염려하지 말고 "명리의 정석" 2권을 잘 따라오시면 달변가로 만들어지는 요령을 습득할 수 있습니다. 기대하십시오.

지금부터 다음단계로 넘어가서 익혀야 할 것들이 무엇이며 어떻게 풀어가야 하는지에 대한 궁금증을 풀어드리겠습니다.

2, 통변에서 알아야 할 것

<1> 남명의 사주를 볼 때는 먼저 재관을 봐라.

남자의 사주를 볼 때는 제일 먼저 재관(財官)이 중요하니 재관을 살펴봐야한다. 재(財)는 처(妻)요, 官은 자식이니, 재성이 죽으면(死) 처상(妻喪)하고, 관이 죽으면 극자(剋子)하는 것이다. 타성(他星)도 이와 같으니 인수는 양친으로 인사(印死)하면 부모 흉망(凶亡)이고 비견은 형제로 비사(比死)엔 형제가 상한다.

육신적인 면에서 보면 재는 재물이요, 관은 직업이니 이 또한 남자로서는 가장 중요한 것이다. 그래서 재관이 실하면 남자의 명조를 좋게 보는 것이다.

<2> 여명을 간명할 때는 먼저 부자성을 봐라.

여자의 사주를 볼 때에는 부자성(夫子星)을 먼저 살펴야 한다. 官이 부(夫)이고 상식(傷食-상관,식신)이 자녀(子女)이며 인수는 양친이고 비견은 자매이니 관사(官死)에 극부(剋夫)요, 상식사(死)에 극자(剋子)이며 인사(印死) 손친(損親)하며 비사(比死)에 형제가 상한다.

재성이 있으면 부(夫-남편)가 있으며 남편이 있으면 자식이 있을 것이니 재왕(財旺)하면 부영자귀(夫榮子貴)한다. 그러나 부사자망(夫死子亡)의 명조는 하천고빈격(下賤孤貧格)이요, 자수부영(子秀夫榮)의 조명(造命)은 영화부귀(榮華富貴)할 명조(命造)이며 子와 夫가 있는데 빈한(貧寒)함은 신주(身主)가 쇠향(衰鄕)에 있기 때문이요, 무자무부(無子無夫)한데 창성함은 신주가 왕지에 거(居)하는 때문이다.

또 여명(女命)에서 식신이 많으면 승려(僧)가 아니면 기여

(妓女)이다.

  여자의 사주에서 남편의 별인 재성이 왕성하면 남편도 영화롭고 자식도 귀하게 된다. 그런데 남편의 별이 약하며 좋지 못하고 자손의 별 또한 허약한 사주로 구성된 여자는 천하고 외롭고 가난한 격의 사주이다.
아들이 빼어나고 남편이 영화로운 사주로 구성 된 사주는 영화롭고 부귀하게 살아간다.
사주에 자식의 별과 남편의 별이 좋은 자리에 위치했는데도 가난하고 춥게 살아가는 사람은 그 여자의 운이 쇠약하운으로 흐르는 이유이고 자식의 별이나 남편의 별이 특출 나게 좋지 못한데도 자손과 남편이 창성함은 자신의 신주가 왕성하거나 약간 허약하더라도 왕성해지는 운으로 흐른다면 남편도 자손도 영화롭게 된다.
또한 여자의 사주에서 식신이 유난히 많으면 중(스님)이나 기생의 몸이 된다고 함은 신 허(일주가 쇠약함)한 이유이므로 식신이 왕 해도 신주인 일주가 왕성하거나 약간 허약하더라도 일주가 왕성한 운으로 흐르면 의식주가 풍부하게 된다.(식신은 의식주다)
<참고> 관성을 취용함에는 신왕 함을 기뻐하고 양인과 충형 함은 이롭지 못하며 식상은 꺼리지만 인성과 재성은 기뻐한다. 그런가하면 칠살(偏官)은 인수를 유난히 기뻐하고 양인과 상관 식신이 합살(合殺) 하며 신왕 함을 좋아한다.

<3> 여자의 사주는 여러 가지를 살펴야한다.

　여자의 사주는 약간 신약하고 관성이 녹지에 앉아야(得祿)하는바 재가 있고 살이(正偏官)혼잡하지 않아야 어질고 착한 남편을 얻게 되고 부귀도 누린다. 만약 관성이 사주에 없으면 재성이라도 있어 관성을 생하면(生官) 부귀격이 된다. 그래서 식신이 녹왕되고 재성이 있으면 자손도 귀하고 남편도 영화롭게 된다. 그런데 남편근심이 많고 의지하고 부탁할 곳이 없음은 재관과 식신이 패절(敗絶)된 원인이요. 자손도 남편도 영달함은 재관이 녹지를 얻고 식신이 강한 때문이다.

　식신이 입묘(入墓)하면 자손의덕이 적고(損子) 관성이 입묘(入墓)되면 남편을 먼저 잃고(夫先亡) 독수공방하게 되는 명이다.

<4> 사주를 잘 본다함은 오행을 잘 살피는 것이다.

　오행과 격국을 자세히 관찰하고 연구하는 것만이 추기(樞機-팔자의 중요한 부분과 틀)인바 사주는 일간이 일신을 주재(主宰)하므로 사주의 청탁으로 귀천을 분변(分辨)하고 운으로 영화(榮華)를 결지(決知)한다.

　신약하면 조화(造化)가 쇠(衰)함이니 살다(殺多)하면 요수격(夭壽格)으로 단(斷)하는바 수시통변(隨時變通)하지 않으면 안 된다. 음(飮)은 유물(柔物)이니 형극(刑剋)되어도 무방하지만 양주(陽主)는 강권(剛權)이니 원명(原命)이 약하고 관살(官殺)을 만나면 양파(兩破)할 것이다.

- 151 -

사주를 볼 때에는 오행의 분포와 격국의 구성을 살피고 연구하는 것이 사주를 보는 기본 틀이다.

사주에서 가장 중요한 것은 나 자신인 일간이 모든 것을 좌지우지하는 것이므로 사주가 깨끗하게 구성 되었는지 아니면 탁한 사주인지가 우선이며 이것으로 부귀빈천을 분별하고 일생동안 만나는 행운(大運과 歲運)으로 길흉의 결과를 알게 된다.

　일주가 신약한데 살이 많으면 어려서 명을 다하게 되니 사주는 강약위주로 보게 된다. 그렇다고 강약에만 매달리면 발전이 더디므로 음양의 조화도 살펴야 하는 것이니 음간은 부드러운 기운이 많아 형이나 극을 만나도 별 문제 없지만 양간의 일주는 강한 권세를 좋아하므로 사주 자체가 허약하고 관살을 행운에서 다시 만난다면 두 번 얻어터지는 형국으로 파멸할 것이다.

新四柱講義錄 全3卷 完刊

독학으로 공부하는 강의록

　역술계의 巨星 변만리 선생님의 力作인 新四柱 강의록은 필경사를 동원하여 직접 手記로 쓴 책으로 후학지도 용 교재로만 오랫동안 사용 되었으나 선생님께서 타계하신 후 학인들의 열화와 같은 요청에의해 서점판매를 결정하게 되었으며 초등반 고등반 대학반 전3권으로 완성되었습니다. 지금부터 전국대형서점에서 만나보실 수 있습니다. 신사주학강의록 전3권만 정독하시면 최고의 도사요 달변술사로 성장 할 것입니다.

이 책의 4대 장점

1. 이론이 간단해서 쉽게 배울 수 있다.
2. 개성 적성 지능을 척척 알 수 있다.
3. 누구나 쉽게 이해 할 수 있도록 엮었다.
4. 실례 위주로 흥미진진하게 풀이하였다.

본 강의록으로 공부하시는 학인들은 학습지도교수가 궁금증이나 의문사항을 문의하시면 직접지도 해드립니다.
지도교수 김동환 070-4103-2367(변만리역리연구회장)
4/6배판 540쪽 내외 정가38,000원 변만리 저 **자문각**

通變大學

통변은 사주의 꽃이다.

 역술계의 巨星 변만리 선생님께서 수년간에 걸쳐서 독자적으로 개발한 감정의 最高書인 통변대학은 수십 번을 재발간해서 문하생들의 절찬을 받았던 책으로 후학지도용 교재로 만 오랫동안 사용되었으나 선생님께서 他界하신후 學人들의 열화와 같은 요청에 의해 서점판매를 결정하게 되었습니다. 사주는 감정이 기본이고 감정은 통변이 으뜸입니다.
五行을 正五行 化五行 納音五行別로 나누고 운명과 인간만사를 세 가지 오행별로 판단하는 원리와 요령을 상세히 밝힌 통변대학(백과사전)에서는 무엇이 正五行이고 化五行이며 納音 五行인지를 구체적으로 설명하였습니다.
통변대학은 동양고전점술의 금자탑이요 溫故知新으로서 만리天命과 더불어 동양점술의 쌍벽을 이루며 陰陽五行의 眞理를 연구하는데 金科玉條가 될 것입니다.
통변대학은 사주의 백과사전으로서 사주와 운세의 분석과 감정에 만능교사가 될 것이라고 확신합니다.
본 通變大學으로 공부하시는 학인들은 학습지도교수가 궁금증이나 의문사항을 문의하시면 직접지도 해드립니다.
지도교수 김동환 070-4103-2367 (변만리역리연구회장)

 通變大學 : 4 / 6배판 390쪽 내외 정가 25,000원
전화02)926-3248 도서출판 **資 文 閣** 팩스02)928-8122

六 神 大 典
육신은 사주의 꽃이다.

　역술계의 巨星 변만리 선생님께서 수년간에 걸쳐서 독자적으로 개발한 감정의 최고 原理書인 六神大典은 수십번을 재발간해서 문하생들의 절찬을 받았던 책으로 후학지도용 교재로만 오랫동안 사용되었으나 선생님께서 他界하신후 學人들의 열화와 같은 요청에 의해 서점판매를 결정하게 되었습니다. 사주는 六神으로서 인간만사를 판단하게 되는데 財星이 用이고 喜神이면 得財 致富하고 출세하듯이 六神의 喜神과 忌神은 운명을 판단하는 열쇄가 됩니다. 운명과 인간만사는 陰陽五行의 相生相剋으로 판단하지만 父母 兄弟 妻 夫 子孫의 富貴貧賤과 興亡盛衰는 하나같이 육신위주로 판단합니다. 변만리 선생님은 육신대전이야말로 사주의 꽃이라 했습니다. 육신대전은 사주의 백과사전으로서 사주와 운세의 분석과 감정에 만능교사가 될 것입니다. 본 六神大典으로 공부하시는 학인들은 학습지도교수가 궁금증이나 의문사항을 문의하시면 직접 지도 해드립니다.
지도교수 김동환 070-4103-2367(변만리역리연구회장)
　六神大典 : 4 / 6배판 356쪽 내외 정가 25,000원
　전화02)926-3248도서출판資 文 閣 팩스02)928-8122

萬 里 天 命
天命은 四柱八字를 말한다.

　역술계의 巨星 변만리 선생님께서 20여년동안에 열심히 연구하고 개발한 만리천명은 음양오행설을 비롯하여 중국의 점성술을 뿌리채 파헤치고 새로운 오행과 법도를 독창적으로 개발하고 정립한 명실상부한 독창이요 혁명이며 신기원의 역술서적입니다. 수십 번을 재발간해서 문하생들의 절찬을 받았던 萬里天命은 변만리 선생님께서 후학지도용 교재로만 오랫동안 사용되었으나 선생님께서 타계하신 후 학인들의 열화와 같은 요청에의해 서점판매를 결정하게 되었습니다. 지금까지의 음양오행은 강자가 약자를 지배하는 상극위주의 자연오행을 신주처럼 섬기는 동시에 格局用神과 神殺을 감정의 대법으로 삼아왔지만 지금부터는 金剋木 木극土 土극水 水극火 火극金의 相剋을 절대화해서 金은木을 이기고 지배하며 水는火를 이기고 지배하는 것을 법도화해서 태양오행과 體와 用의 감정원리를 확실히 밝힌 역술혁명 서적입니다. 본 萬里天命으로 공부하시는 학인들은 학습지도교수가 궁금증이나 의문사항을 문의하시면 직접지도 해드립니다.
지도교수 김동환 070-4103-2367 (변만리역리연구회장)

만리천명 : 4 / 6배판 520쪽 내외 정가 50,000원

전화02)926-3248 도서출판 **資 文 閣** 팩스02)928-8122

萬 里 醫 學
만병을 뿌리채 뽑을 수 있다

만성병은 난치 불치병일까? 天命으로 體質을 분석하고 체질로서 병의 원인을 밝혀내며 만병을 뿌리채 다스리는 새로운 病理와 藥理와 診斷과 治病을 상세히 밝힌 治病의百科事典입니다. 환자를 상대로 병을 진단하는 東西醫學과는 달리 天命을 상대로 인체를 해부하고 오장육부의 旺衰强弱을 분석해서 어느 장부가 虛하고 病이며 藥이고 處方인지를 논리적이고 상식적으로 알기 쉽게 구체적으로 풀이함으로서 실감있게 무난히 공부함과 동시에 내 자신의병을 정확히 판단 할 수 있습니다. 역술계의 巨星 변만리 선생님께서 수년간에 걸쳐서 독자적으로 개발한 萬里醫學은 수십 번을 재발간해서 문하생들의 절찬을 받았던 책으로 후학지도용 교재로만 오랫동안 사용되었으나 선생님께서 타계 하신 후 학인들의 열화와 같은 요청에 의해 서점판매를 결정하게 되었습니다. 만리 의학은 천명과 체질위주로 진단하고 처방함으로서 간단명료하고 공식적이며 오진과 약사고가 전혀 없음으로서 누구나 쉽게 배우고 활용할 수 있는 만능교사가 될 것입니다.

萬里醫學 : 4 / 6배판 416쪽 내외 정가 50,000원
전화02)926-3248 도서출판 **資 文 閣** 팩스02)928-8122

五象醫學

오상의학은 불문진(不問診)이다.

　병진에는 환자가 절대적이다. 대화를 하고 진맥을 하며 검사를 해야만 비로소 윤곽을 짐작할 수 있다. 그러나 오상의학은 환자가 필요 없다. 대화나 진맥 없이 타고난 사주팔자로서 체질과 질병을 한 눈으로 관찰 할 수 있는 것이 오상의학이다. 타고난 체질이 강하냐, 약하냐, 木體냐 土체냐 金체냐 水체냐를 가려내어 지금 앓고 있는 장부가 肝이냐 肺냐 脾냐 心이냐 腎이냐를 똑바로 밝혀내고 그 원인이 虛냐 實이냐를 구체적으로 분간할 수 있다. 허와 실이 정립되면 補와 瀉의 처방은 자동적이다. 환자 없이 일언반구의 대화도 없이 보지도 묻지도 따지지도 않고 병의 원인과 증상을 청사진처럼 분석하고 진단하며 자유자재로 처방할 수 있는 완전무결한 不問診은 동서고금을 통하여 전무후무한 사상초유의 신기원이자 의학의 일대혁명이다.

　역술계의 巨星 변만리 선생님께서 수년간에 걸쳐서 독자적으로 개발한 五象醫學은 수십 번을 재발간해서 문하생들의 절찬을 받았던 책으로 후학지도용 교재로만 오랫동안 사용되었으나 선생님께서 타계하신 후 많은 사람들의 입소문으로 열화와 같은 요청에 의해 서점판매를 결정하게 되었습니다. 이제는 번거로운 진찰이나 따분한 입원을 하지 않고서도 내 집에서 편안하게 만병을 진단하고 처방하여 다스릴 수 있다. 간단명료하고 공식적이며 오진과 약사고가 전혀 없음으로서 누구나 쉽게 배우고 활용할 수 있는 만능교사가 될 것입니다.

　　五象醫學 : 4 / 6배판 572쪽 내외 정가 58,000원
　전화02)926-3248 도서출판 資 文 閣 팩스02)928-8122

陰陽五行의 眞理

음양오행의 진리는 우주와 인생의 진리이다.
새로운 占術과 醫術

음양오행과 상생상극의 진리를 알기 쉽게 상세히 풀이함으로서 글자대로 풀이하는 중국의 음양오행의 상생상극이 터무니없는 가짜임을 논리적으로 파헤침과 동시에 중국 사주와 의학이 왜 오판과 오진투성이고 세인의 불신과 외면을 당하고 있는 이유를 철저히 밝혀냈다. 진리위주의 만리천명과 만리의학을 상세히 소개함으로서 무엇이 참다운 사주요 의술인가를 생생하게 정설했다. 만리천명과 만리의학에 입문하는 초보자에게 이책은 필수적이다. 이 책은 음양오행의 상생상극의 진리와 십간십이지와 십이운성 등 한국사주의 기초가 되는 여러 가지 원리를 다양하고 알기 쉽게 풀이한 한국사주 입문과 연구의 틀이 되는 서적이다. 역술계의 巨星 변만리 선생님께서 수년간에 걸쳐서 독자적으로 개발한 음양오행의 진리는 수십 번을 재발간해서 문하생들의 절찬을 받았던 책으로 후학지도용 교재로만 오랫동안 사용되었으나 선생님께서 타계하신 후 많은 사람들의 입소문으로 열화와 같은 독자와 학인들의 요청에 의해 서점판매를 결정하게 되었다. 누구나 쉽게 배우고 활용할 수 있는 만능교사가 될 것이다.

신국판 324쪽 내외 정가 15,000원

전화02)926-3248 도서출판 **資 文 閣** 팩스02)928-8122

氣質學의 眞理
내 병은 내가 고친다.

성인병과 암은 왜 난치 불치병인가?

병의 근본원인을 알지 못하기 때문이다. 그 원인을 뚜렷이 밝혀낸 기질학이 탄생했다. 병을 고치려면 병원에 가야하고 의사의 진단을 받아야한다. 기질학은 진단 없이 무엇이 병이고 원인인지를 척척 판단한다. 의학이 진단할 수 있는 것은 나타난 병의 양상인 증(證)이기본이요 전부다. 병의 원인은 전혀 알 수 없다. 기질학은 나타나지 않은 병의 원인을 소상히 밝혀준다. 병에는 두 가지가있다. 갑자기 발생한 급성병과 장기적으로 발생한 만성병이다. 급성은 나타난 병증이 기본이요 전부이지만 만성병은 나타난 병증과 더불어 나타나지 않은 원인이 있다.

나타난 병증은 지엽이요 나타나지 않은 병은 뿌리다 뿌리가 있는 지엽은 아무리 다스려도 재생하듯이 원인이 있는 병증은 아무리 다스려도 재발한다. 만성병을 성인병이라 하는데 성인병은 하나같이 뿌리인 원인을 가지고 있다. 그 원인을 발견하지 않는 한 뿌리는 다스릴 수 없으며 뿌리가 살아있는 한 완치는 불가능하다. 기질학은 간단명료해서 누구나 쉽게 실용할 수 있다 어느 장부가 허약하고 병인지 원인을 밝혀내고 뿌리채 뽑아야만 성인병과 암을 다스릴 수 있다.

전화02)926-3248 도서출판 資文閣 팩스02)928-8122

慢性病의 眞理

만성병은 난치 불치병이 아니다.

　현대병은 만성병이 압도적이다.
현대의학은 성인병과 암을 비롯한 만성병을 다스릴 수 없어 하나 같이 난치 불치로 생각하는데 그 이유는 무엇이 만성병의 원인인가를 알지 못 하기 때문이다. 의학이 진단할 수 있는 것은 나타난 병의 양상인 증(證)이 기본이요 전부다. 나타나지 않은 병의 근본인 원인에 대해선 신난이 선혀 불가능하나. 나타난 병증은 지엽이요 나타나지 않은 병은 뿌리다 뿌리가 있는 지엽은 아무리 다스려도 재생하듯이 원인이 있는 병증은 아무리 다스려도 재발한다. 만성병은 뿌리를 가지고 있다.
만성병을 완치하려면 뿌리를 발견하고 발본색원해야 한다.
　가장 바람직하고 행복한 장수는 정상적으로 오래 사는 것이다. 그러기 위해서는 평소에 장수 공부를 열심히 해야 하고 능소능대하며 달관해야한다. 산다는 의욕은 완성하되 .물질적인 부귀영화는 가능한 한 탐하지 말라 조물주의 낚시밥을 저승사자처럼 두려워하고 살아야만 한다.
천명(사주팔자)을 알고 순리대로 살아야 평생 적이 없고 천수를 누릴 것이다.

　　　　신국판 200쪽 내외 정가 10,000원

　전화02)926-3248도서출판 資 文 閣 팩스02)928-8122

한국사주 입문

한국 사주는 개성지능 적성을 척척 알 수 있다

한국 사주는 간단명료하며 논리가 정연하다.

한국 사주는 인간해부학인 동시에 운명의 분석철학이다. 만인의타고난 천성과 지능과 적성을 비롯해서 인간의 모든 것을 송두리째 낱낱이 파헤치고 밝혀준다. 중국 사주는 10년을 공부해도 끝이 없고 미완성이며 애매모호하지만 한국 사주는 누구나 쉽게 입문하고 완성할 수 있다.

한국 사주는 이론이 간단해서 쉽게 배운다.

음양오행과 상생상극의 진리를 비롯하여 인체설계도를 최초로 발견한 변만리선생님이 진리위주로 개발한 한국 사주와 의학은 글자그대로 풀이하고 통용하는 중국 사주와는 판이한 동시에 운명과 질병의 분석과 판단이 간단명료하고 정확정밀하다.

격국과 신살을 쓰지 않고도 운명을 정확하게 판단한다.

혹세무민 귀신타령 없는 동시에 눈치코치로 이랬다저랬다 횡설수설하는 오판과오진이 없다. 사주는 음양오행의 운기로 형성된 인체의 설계도이다. 사주를 구성한 음양오행의운기와 원리를 분석하면 타고난 운명과 질병을 한눈으로 관찰하고 판단 할 수 있다.

신국판 200쪽 내외 정가 10,000원

전화02)926-3248 도서출판 **資 文 閣** 팩스02)928-8122

여산서숙 역술도서

손금의 정석1,2

손금을 보면 인생이 보인다.

손금은 두뇌사전 이라고 한다. 손금의 이해를 통해 인생길의 방향을 정하고 숨은 재능을 찾아내어 인생길의 역경을 이겨내야 한다. 손금닷컴 유종오 원장이 심혈을 기우려 풀어놓은 손금해석의 정석이다. 손금닷컴 유종오 원장이 심혈을 기우린 역작으로 손금 최고의과정이다.

손금으로 자신의 운명을 개척할 수 있다.

손금의정석 1권 신국판 270쪽 내외 컬러판 값 20,000원
손금의정석 2권 신국판 320쪽 내외 컬러판 값 20,000원

사주의 정석1.2.3.

사주의 모든 것이 이 3권의 책에 담겨졌습니다.

기초에서 해설까지 완벽한 사주의 정석이다. 말문을 확 트이게 하는 여산선생 특유의 비유법인 "짧은 표현으로 거침없이 말하라"는 통변비법을 이 책3권에 듬뿍 담았습니다.

4/6배판 350쪽 내외 각권 값 20,000원 여산서숙 펴냄

여산서숙은 역술도서만을 정성껏 출판합니다.

전화02)926-3248 도서출판 **여산서숙** 팩스02)928-8122

命 理 2
사주학 이론과 분석

2022년 05월15일 1쇄 1판 인쇄
2022년 05월20일 1쇄 1판 발행
편저자 / 김동환
발행인 / 김동환

발행처/ 여산서숙
주 소 / 서울시 종로구 종로 346번지
욱영빌딩 301호
전화/02)928-2393 팩스/928-8122
등록/1999년12월17일
신고번호제300-1999-192
978-89-93513-50-9

값 15,000원
무단복제불허
잘못된 책은 구입처에서 교환해 드립니다.